BestMasters

Mit **„BestMasters“** zeichnet Springer die besten Masterarbeiten aus, die an renommierten Hochschulen in Deutschland, Österreich und der Schweiz entstanden sind. Die mit Höchstnote ausgezeichneten Arbeiten wurden durch Gutachter zur Veröffentlichung empfohlen und behandeln aktuelle Themen aus unterschiedlichen Fachgebieten der Naturwissenschaften, Psychologie, Sozialwissenschaften, Technik und Wirtschaftswissenschaften. Die Reihe wendet sich an Praktiker und Wissenschaftler gleichermaßen und soll insbesondere auch Nachwuchswissenschaftlern Orientierung geben.

Springer awards **“BestMasters”** to the best master’s theses which have been completed at renowned Universities in Germany, Austria, and Switzerland. The studies received highest marks and were recommended for publication by supervisors. They address current issues from various fields of research in natural sciences, psychology, social sciences, technology, and economics. The series addresses practitioners as well as scientists and, in particular, offers guidance for early stage researchers.

Anke Ritter

OSCE im Hebammenstudium

Herausforderungen und Chancen in Bezug auf ausgewählte Hebammenkompetenzen

Springer

Anke Ritter
Angewandte Gesundheits- und
Therapiewissenschaften
Diploma Hochschule
Mainz, Deutschland

ISSN 2625-3577 ISSN 2625-3615 (electronic)
BestMasters
ISBN 978-3-658-50020-7 ISBN 978-3-658-50021-4 (eBook)
https://doi.org/10.1007/978-3-658-50021-4

Die Deutsche Nationalbibliothek verzeichnet diese Publikation in der Deutschen Nationalbibliografie; detaillierte bibliografische Daten sind im Internet über https://portal.dnb.de abrufbar.

Planung/Lektorat: Renate Scheddin
Springer ist ein Imprint der eingetragenen Gesellschaft Springer Fachmedien Wiesbaden GmbH und ist ein Teil von Springer Nature.
Die Anschrift der Gesellschaft ist: Abraham-Lincoln-Str. 46, 65189 Wiesbaden, Germany

Interessenkonflikt Der/die Autor*in hat keine für den Inhalt dieses Manuskripts relevanten Interessenkonflikte.

Zusammenfassung

Das Erkenntnisinteresse dieser Arbeit galt der objektiven, strukturierten klinischen Prüfung (OSCE) in der Hebammenausbildung, da sie sich als Instrument für die Messung klinischer Fertigkeiten von Hebammenstudierenden zunehmend etabliert.

Aufgrund der Neuordnung der Hebammenausbildung und der damit verbundenen Modularisierung der Ausbildungsinhalte, werden Prüfungen in den Hebammenstudiengängen auch simulationsbasiert durchgeführt. Die ursprünglich für das Studium der Humanmedizin konzipierte OSCE wurde in dieser Arbeit hinsichtlich ihrer Verwendbarkeit im Hebammenstudium untersucht.

Zur Beantwortung der Forschungsfrage wurde eine systematische Literaturrecherche in vier internationalen Datenbanken durchgeführt. Die identifizierten Publikationen wurden auf ihre wissenschaftliche Qualität mithilfe der Qualitätskriterien für quantitative empirische Studien von Döring geprüft.

Mittels geeigneter Schlagwörter konnten sechs Studien und ein Review in diese Arbeit eingeschlossen werden, die Ergebnisse zu OSCE als Prüfungsinstrument hebammenspezifischer Kompetenzen brachten.

OSCE scheint demnach als Methode zur Erfassung ausgewählter Hebammenkompetenzen geeignet zu sein. Als kompetenzorientiertes, valides und gültiges Bewertungstool kann es auch in der akademischen Ausbildung von Hebammen genutzt werden.

Es besteht jedoch weiterer Forschungsbedarf hinsichtlich der Einschätzung, welche Fähigkeiten gut und welche weniger gut in einer OSCE geprüft werden können.

Inhaltsverzeichnis

Abkürzungsverzeichnis

BMBF	Bundesministerium für Bildung und Forschung
BMG	Bundesministerium für Gesundheit
BMWi	Bundesministerium für Wirtschaft
CTG	Kardiotokogramm
DGGG	Deutsche Gesellschaft für Gynäkologie und Geburtshilfe
DGHWi	Deutsche Gesellschaft für Hebammenwissenschaft
DHV	Deutscher Hebammenverband e. V.
DQR	Deutscher Qualifikationsrahmen für lebenslanges Lernen
EQR	Europäischer Qualifikationsrahmen für lebenslanges Lernen
HebAPrV	Ausbildungs- und Prüfungsverordnung für Hebammen und Entbindungspfleger
HebG	Hebammengesetz
HebStPrV	Studien- und Prüfungsverordnung für Hebammen
HQR	Qualifikationsrahmen für deutsche Hochschulabschlüsse
HRG	Hochschulrahmengesetz
HRK	Hochschulrektorenkonferenz
ICM	International Confederation of Midwives
IUP	Intrauuterinpessar
KMK	Ständige Konferenz der Kulturminister der Länder (Kultusministerkonferenz)
OSCE	Objective Structured Clinical Examination
SGB	Sozialgesetzbuch
UNFPA	United Nations Populations Fund
UNICEF	United Nations Children's Fund
WHO	World Health Organisation
WMK	Wirtschftsministerkonferenz

Abbildungsverzeichnis

Tabellenverzeichnis

1 Einleitung

Wenn Hebammen nach internationalen Standards ausgebildet werden und die Hebammentätigkeit auch die Bereitstellung von Familienplanung umfasst, könnten mehr als 80 % aller Todesfälle bei Müttern, Totgeburten und Neugeborenen verhindert werden (vgl. WHO, 2024). Eine qualitativ hochwertige Ausbildung von Hebammen stellt für Frauen und ihre Neugeborenen eine evidenzbasierte und kompetente Begleitung in der reproduktiven Lebensphase dar. Daher muss weltweit Augenmerk auf die Qualität der Ausbildung von Hebammen gelegt werden.

Die akademische Ausbildung der Hebammen in Deutschland bringt eine Reihe von Veränderungen mit sich, auch für die Lehrenden an den Hochschulen. In einem dual konzipierten, grundständigen Studium, welches mit dem akademischen Bachelor-Grad abschließt, werden Theorie und Praxis verknüpft. Neue Prüfungsformen etablieren sich im Hebammenwesen, so z. B. die Objective Structured Clinical Examination (OSCE). Als kompetenzorientiertes Prüfungsformat findet die OSCE vor allem im Studium der Humanmedizin Anwendung. Durch die Überführung der Hebammenausbildung an die Hochschule wird OSCE nun auch in den Hebammenstudiengängen angewendet. Diese Bewertungsmethode ist Gegenstand der vorliegenden Masterthesis.

Nach einer Einführung werden im Folgenden die Relevanz des Themas dargelegt, die Fragestellung und das Ziel der Arbeit beschrieben sowie der Aufbau der Thesis erläutert. Der Beruf und das Tätigkeitsfeld der Hebamme werden beschrieben und die Inhalte und Rahmenbedingungen der akademischen Ausbildung dargestellt. Weiter wird der Begriff Kompetenz definiert und Augenmerk auf hebammenspezifische Kompetenzen gelegt. Die Funktionen und Gütekriterien von Prüfungen werden erläutert und es wird beschrieben, welche Anforderungen kompetenzorientierte Prüfungen erfüllen müssen. Die Forschungsfrage der

A. Ritter, *OSCE im Hebammenstudium*, BestMasters,
https://doi.org/10.1007/978-3-658-50021-4_1

vorliegenden Arbeit wird dargelegt und im Anschluss die Methodik konkret beschrieben. Nachfolgend werden die Ergebnisse der eingeschlossenen Studien vorgestellt und vergleichend betrachtet. Daran anschließend folgt die Interpretation der Ergebnisse in Bezug auf die Forschungsfrage und Einschränkungen der Forschung werden aufgezeigt. Besonderheiten von OSCE im Hebammenstudium werden erklärt und Perspektiven für weitere Forschungen abgeleitet.

1.1 Einführung

Das Arbeits- und Aufgabenfeld von Hebammen hat sich im Zuge demografischer und gesundheitspolitischer Entwicklungen verändert und verlangt von Hebammen heute weitreichendere Kompetenzen als noch vor vierzig Jahren. Um den komplexeren Anforderungen Rechnung zu tragen, fand im Zuge der sogenannten Bologna-Reform eine Anhebung der Hebammenausbildung auf Hochschulniveau in fast allen Mitgliedsstaaten der Europäischen Union statt (vgl. Sayn-Wittgenstein, 2018:79). Das Ziel des Bologna-Prozesses ist die Vergleichbarkeit und Messbarkeit von Leistungen und Fähigkeiten vor dem Hintergrund der Anpassung der hochschulischen Bildung an die sich verändernden gesellschaftlichen Rahmenbedingungen, wie die Globalisierung und die Digitalisierung (vgl. Lewe, 2024: 23). In Deutschland haben sich mit dem Inkrafttreten des neuen Hebammenreformgesetzes im Jahr 2020 und mit der Umsetzung der EU-Richtlinie von 2013 (2013/55/EU) die Zugangsvoraussetzungen für die Hebammenausbildung geändert. Die Ausbildung wurde dementsprechend an Hochschulen und Universitäten überführt, da die klassische dreijährige fachschulische Ausbildung die komplexen Anforderungen an die Hebammentätigkeit nicht mehr abbilden konnte. Wer Hebamme werden möchte, muss eine abgeschlossene zwölfjährige Schulbildung, also Abitur oder Fachabitur vorweisen. Ausnahmen bilden Personen, die eine abgeschlossene Ausbildung in der Kranken- oder Kinderkrankenpflege oder als Pflegefachfrau oder -fachmann nachweisen (vgl. HebG, 2019). Die deutschlandweit neu entstandenen und zum Teil noch entstehenden Studiengänge für werdende Hebammen entwickeln ihre Curricula auf Grundlage des Hebammengesetzes (HebG) und der Studien- und Prüfungsverordnung für Hebammen (HebStPrV). Die dualen, primärqualifizierenden Studiengangkonzepte der Universitäten und Fachhochschulen beinhalten sowohl eine wissenschaftsbasierte, als auch eine praxisorientierte Vorbereitung auf den Beruf der Hebamme.

Aufgrund ihres Tätigkeitsspektrums, welches neben der Betreuung der Frau und ihres Kindes in der Schwangerschaft, der Geburt, des Wochenbettes und der Stillzeit auch die Familienplanung und die Beratung rund um die reproduktive Gesundheit beinhaltet, sind Hebammen wichtige Fachpersonen für eine „gesunde, funktionierende Gesellschaft" (vgl. Ramsell & Jahn-Zöhrens, 2020: 9). Hebammen sind in der Lage, innerhalb ihres Tätigkeitsfeldes ohne ärztliche Weisung medizinisch zu arbeiten und müssen dementsprechend in der Ausbildung umfassende Handlungskompetenz erlangen (vgl. Graf et al., 2020: 5).

Die Handlungskompetenz während und am Ende des Studiums einschätzen zu können, ist das Ziel praktischer Prüfungen nicht nur im Bereich Hebammenwesen. Eine neue Herausforderung in der akademischen Ausbildung von Hebammen stellt neben den veränderten Lehrmethoden auch die Gestaltung kompetenzorientierter praktischer Prüfungen dar. Beispielsweise wird die sogenannte „Examensgeburt" als Teil der praktischen Abschlussprüfung aufgrund der neuen HebStPrV nun durch eine simulationsbasierte Prüfung ersetzt. Auch die Modularisierung der Ausbildung bringt neue Prüfformate. Zur Prüfung klinischer Kompetenzen wird zunehmend das Format OSCE angewendet. Ursprünglich für die Prüfung der Medizinstudierenden entwickelt, gewinnt es mehr und mehr auch in den Gesundheitsfachberufen und der Hebammenausbildung an Bedeutung. Studierende wie auch Lehrende müssen sich mit dieser Prüfungsform vertraut machen, die als „Goldstandard für die Überprüfung des sogenannten Theorie-Praxis-Transfers" gilt (vgl. Braun et al., 2022:77).

1.2 Problemstellung

Im Zuge des Bologna-Prozesses wurden Studiengänge auf ein gestuftes Bachelor-/Master-System umgestellt und der Erwerb von Kompetenzen mittels darauf ausgerichteter Module und Lehrveranstaltungen steht im Mittelpunkt (vgl. Schaper & Hilkenmeier, 2013: 6). Mit der Überführung der Hebammenausbildung an die Hochschulen ändern sich nicht nur die Zugangsvoraussetzungen, die Organisation, die Dauer und der Inhalt der Ausbildung. Auch das Prüfungssystem erfährt massive Veränderungen. Die im Jahr 2025 auslaufende dreijährige, fachschulische Ausbildung schließt mit einem staatlichen Examen ab, welches einen schriftlichen, einen mündlichen und einen praktischen Teil umfasst (vgl. HebAPrV, 1987). Während der Ausbildung werden Leistungsnachweise in Form von Klausuren erbracht, die jedoch nicht in die Endnote einfließen. Aufgrund der nun weitgehend umgesetzten hochschulischen Ausbildung der Hebammen und der Modularisierung der Bachelor- und Masterstudiengänge allgemein werden und wurden neue Prüfungsformate in den Hebammenstudiengängen eingeführt. Ein Beispiel dafür ist die Objective Structured Clinical Examination bzw. die objektive, strukturierte klinische Prüfung (OSCE). Diese Prüfungsform wird zunehmend in der Hebammenausbildung eingesetzt, so dass Lehrende des Hebammenwesens sich mit dieser Art der Prüfung auseinandersetzen müssen. Der Focus der studienbegleitenden Prüfungen liegt seit der europäischen Studienreform auf der Ausrichtung auf Kompetenzen und der Konzeption und Erstellung von Prüfungsaufgaben, die den Kompetenzerwerb der Studierenden unterstützen (vgl. Schröder, 2015: 2). Dies bedeutet, dass Lehrende kompetenzorientierte Prüfungsformate wählen müssen, die *„die Anwendung von Wissen, dessen Umsetzung in Handlungszusammenhängen sowie die Beurteilung und Reflexion von realitätsnahen Problemstellungen fordern und fördern"* (vgl. ebd.). Dies stellt Lehrende vor die Herausforderung, kompetenzorientierte Assessmentformate zu konzipieren.

Da simulationsbasierte Prüfungen nicht Bestandteil der traditionellen Hebammenausbildung waren, müssen sich Lehrende für Hebammenwissenschaft mit dieser Lehr- und Prüfungsform auseinandersetzen. Eine Reihe von Lehrenden für Hebammenwesen, die bis dato in den Hebammenschulen gelehrt haben, werden bei entsprechender Qualifikation künftig in den Hochschulen ihre Arbeit fortsetzen, wie auch die Autorin dieser Arbeit. Die Hebammenschule Mainz, an der die Autorin als Lehrende tätig ist, beendet im Jahr 2025 die traditionelle Ausbildung von Hebammen. Seit Oktober 2023 studieren werdende Hebammen hier im Studiengang Hebammenwissenschaft. Die Module dieses Studiengangs, die originäre Hebammentätigkeiten beinhalten, schließen mit einer OSCE ab, woraus sich das Interesse der Autorin an der Thematik ergibt.

1.3 Zielsetzung, Fragestellung und Aufbau der Arbeit

Mit der Überführung der Hebammenausbildung an die Hochschulen haben sich nicht nur die Rahmenbedingungen verändert. Auch neue, in der Hebammenausbildung bisher nicht angewendete Prüfungsformate sind hinzugekommen. Neben Hausarbeiten, mündlichen Modul-Prüfungen oder Fallbearbeitungen mit Präsentationen werden zunehmend objektivierte, strukturierte klinische Prüfungen (OSCE) in den Hebammenstudiengängen durchgeführt.

Die Forschungslage hinsichtlich OSCE bietet eine Vielzahl von Arbeiten aus dem Bereich des Medizinstudiums, gefolgt von zahlreichen Veröffentlichungen aus dem Bereich der Pflege. Jedoch sind die Inhalte der OSCEs aus diesen Bereichen nicht ohne Weiteres auf das Hebammenwesen zu übertragen. Fertigkeiten der allgemeinen medizinischen Versorgung wie beispielsweise die Blutdruckmessung oder die Blutentnahme werden im Studium der Humanmedizin und in der Pflege mittels OSCE geprüft und können in die Hebammenausbildung übernommen werden. Jedoch stellt sich die Frage, inwieweit hebammenspezifische Kompetenzen wie z. B. die vaginale Untersuchung, die Leopold-Handgriffe oder komplexere Handlungsabläufe wie das Management einer postpartalen Blutung in einer OSCE nachgewiesen werden können.

Das Ziel der vorliegenden Arbeit ist die Betrachtung der aktuellen und relevanten Literatur zum Thema OSCE im Hebammenstudium. Mittels einer systematischen Literaturrecherche soll konkret untersucht werden, ob mit diesem Prüfungsformat die Beurteilung hebammenspezifischer Kompetenzen möglich ist. Die Forschungsfrage lautet: „Ist OSCE ein geeignetes Prüfungsformat im Hebammenstudium hinsichtlich hebammenspezifischer Kompetenzen?“. Die Ergebnisse werden zusammengefasst, verglichen und im Sinne der Forschungsfrage betrachtet, um ggf. nötige Anpassungen für die Nutzung von OSCE in der Hebammenausbildung zu identifizieren.

Theoretischer Hintergrund 2

Im Folgenden werden zentrale Begrifflichkeiten definiert und in Kontext gesetzt. Der Beruf und das Tätigkeitsfeld der Hebamme werden beschrieben, um eine Vorstellung der Anforderungen an die Kompetenzen von Hebammen zu erzeugen. Weiter wird die akademische Ausbildung der Hebammen beleuchtet, um die gesetzlichen Vorgaben zu skizzieren. Anschließend wird der Kompetenzbegriff im Allgemeinen definiert, worauf die Beschreibung der Hebammenspezifischen Kompetenzen folgt. Die Funktionen und Gütekriterien von Prüfungen werden beleuchtet und es wird erläutert, wie Prüfungen kompetenzorientiert gestaltet werden können. Zentrales Thema der Thesis ist die OSCE, aus diesem Grund wird das Prüfungsformat erklärt und der Forschungsstand bezüglich des Einsatzes von OSCE beschrieben.

2.1 Der Beruf und das Tätigkeitsfeld der Hebamme

Laut International Conferderation of Midwifes (ICM) ist eine Hebamme eine Person, die ein im jeweiligen Land anerkanntes Hebammenausbildungsprogramm auf Grundlage der ICM Essential Competencies for Midwifery Practice sowie der ICM Global Standards for Midwifery Education erfolgreich abgeschlossen und die erforderlichen Qualifikationen zur Registrierung als Hebamme erworben hat (vgl. ICM, 2024). Sie ist *„eine anerkannte, verantwortungsbewusste Fachkraft, die in Partnerschaft mit Frauen arbeitet, ihnen während der Schwangerschaft, der*

Ergänzende Information Die elektronische Version dieses Kapitels enthält Zusatzmaterial, auf das über folgenden Link zugegriffen werden kann https://doi.org/10.1007/978-3-658-50021-4_2.

A. Ritter, *OSCE im Hebammenstudium*, BestMasters,
https://doi.org/10.1007/978-3-658-50021-4_2

Geburt und im Wochenbett die notwendige Unterstützung, Betreuung und Beratung bietet, Geburten in eigener Verantwortung durchführt und für Neugeborene und Säuglinge sorgt" (vgl. ebd.).

Mehr als fünfzig mütterliche und kindliche Gesundheitsfaktoren können durch eine qualitativ hochwertige Hebammenbegleitung verbessert werden, wie zum Beispiel weniger Tot- und Frühgeburten und weniger unnötige Eingriffe (vgl. Renfrew et al., 2014). Dies macht die Notwendigkeit einer qualifizierten Begleitung und Betreuung in der reproduktiven Phase von Frauen durch Hebammen deutlich.

Frauen in Deutschland haben nach § 24c und d SGB V Anspruch auf Hebammenhilfe während der Schwangerschaft und Mutterschaft und können laut § 24f den Geburtsort ihres Kindes frei wählen (vgl. SGB 5).

Das am 01. Januar 2020 in Kraft getretene neue Gesetz über das Studium und den Beruf von Hebammen (Hebammengesetz – HebG) beschreibt die Tätigkeiten und Inhalte des Hebammenberufes. So können Hebammen Frauen in der Schwangerschaft, bei der Geburt, im Wochenbett und während der Stillzeit beraten, betreuen und beobachten (vgl. HebG, 2019). Hebammen leiten physiologische Geburten selbstständig und untersuchen, pflegen und überwachen Neugeborene und Säuglinge (vgl. ebd.). Das Tätigkeitsfeld erstreckt sich von der Feststellung der Schwangerschaft, der Schwangerschaftsvorsorge, der Hilfe bei Schwangerschaftsbeschwerden und Geburtsvorbereitung für die werdenden Eltern über die Begleitung und Betreuung der physiologischen Geburt in einer Klinik oder im außerklinischen Bereich. Die Geburtshilfe als nach § 4 des Hebammengesetzes vorbehaltene Tätigkeit der Hebammen umfasst die Überwachung der Gebärenden ab Beginn der Wehentätigkeit, die Hilfe bei der Geburt sowie die Überwachung des Wochenbettverlaufs. Aufgrund der Vorbehaltsaufgaben und Befugnisse von Hebammen sind Ärztinnen und Ärzte zur Hinzuziehung einer Hebamme bei jeder Geburt verpflichtet. Komplikationen oder Regelwidrigkeiten können Hebammen frühzeitig erkennen und nötige Maßnahmen, wie zum Beispiel die Hinzuziehung einer Ärztin oder eines Arztes veranlassen.

Hebammen arbeiten sowohl in Krankenhäusern, hier überwiegend im Kreißsaal oder auf der Wochenbettstation, als auch freiberuflich im außerklinischen Bereich, wie in Hebammenpraxen oder Geburtshäusern. Außerdem betreuen Hebammen Mütter und ihre Neugeborenen ambulant im häuslichen Wochenbett, ggf. bis zum Ende der Stillzeit. Somit wird der gesamte Betreuungsbogen von Familienplanung über Schwangerschaft, Geburt, Wochenbett und Stillzeit sowie die frühe Elternschaft durchgängig und umfassend von Hebammen begleitet (vgl. Sayn-Wittgenstein, 2007: 23). Mit dem breiten Tätigkeitsspektrum leisten Hebammen als Primärversorgende einen wichtigen Beitrag im Bereich der gesundheitlichen Versorgung und Begleitung von Frauen und ihren Neugeborenen. So können die mütterliche und kindliche Morbidität und Mortalität durch eine evidenzbasierte und kontinuierliche Betreuung durch die Hebamme vor, während und nach der Geburt gesenkt und Ängste, Sorgen und Depressionen der Mutter während der Perinatalperiode reduziert werden (vgl. BMG, 2017: 11; Ramsayer et al., 2022: 85; Cibralic et al., 2023; Sandall et al., 2024). Ebenso können Hebammen durch die intensive Begleitung in der reproduktiven Lebensphase der Frauen positiven Einfluss auf die Gesundheit und die Lebensweise der Frauen und ihrer Familien nehmen, was auch wirtschaftliche Auswirkungen auf das Gesundheitssystem hat (vgl. Sandall et al., 2024). Schwangere und Eltern sind zugänglich für gesundheitsfördernde und präventive Maßnahmen und möchten Gesundheitsrisiken vermeiden (vgl. Kooperationsverbund Gesundheitsziele, 2017: 7).

2.2 Die akademische Ausbildung von Hebammen

Mit Inkrafttreten des neuen Hebammengesetzes Anfang 2020 wurde und wird die Ausbildung von Hebammen in Deutschland endgültig an die Hochschulen überführt, um das Ausbildungsniveau und die Zugangsbedingungen den gestiegenen Anforderungen im geburtshilflichen Bereich anzupassen. Die letzten dreijährigen fachschulischen Ausbildungsgänge an staatlichen Hebammenschulen haben 2022 begonnen und werden bis spätestens 2027 zu Ende geführt (vgl. Bovermann, 2020: 128). Damit wurde der Empfehlung des Wissenschaftsrates zu hochschulischen Qualifikationen für das Gesundheitswesen entsprochen, die gesetzlichen Anforderungen der Europäischen Union zur Anerkennung von Berufsqualifikationen und Freizügigkeit am Arbeitsmarkt umgesetzt und die Ausbildung auf ein akademisches Niveau angehoben (vgl. Wissenschaftsrat, 2012).

Die Studierenden der Hebammenwissenschaft erhalten mit ihrer Berufszulassung einen europaweit anerkannten Bachelorabschluss nach Absolvierung eines dualen, primärqualifizierenden Studiengangs (vgl. HebG, 2020). Für die bisher in Deutschland an Berufsfachschulen ausgebildeten Hebammen gilt nicht die in der EU-Richtlinie 2013/55/EU verankerte Freizügigkeit, da diese eine 12-jährige Schulbildung als Zulassungsvoraussetzung für die Tätigkeit als Hebamme vorsieht. Bis 2022 konnte Hebamme werden, wer eine zehnjährige allgemeine Schulbildung vorwies. Dies ist nur noch bedingt möglich. Zur Zulassung zum Hebammenstudium ist die allgemeine Hochschulreife nötig, jedoch bietet eine fachgebundene Hochschulzugangsberechtigung aufgrund der beruflichen Qualifikation in Form einer abgeschlossenen Ausbildung als Pflegefachfrau oder -fachmann bzw. Gesundheits- und Krankenpflegerin oder -pfleger oder Gesundheits- und Kinderkrankenpflegerin oder -pfleger ebenfalls Zugang zum Studium (vgl. Plappert et al., 2019: 858; DHV).

Die Studiengänge sind entweder an Hochschulen mit Kooperationspartnern für die praktische Ausbildung oder an Universitäten mit angeschlossenen Universitätskliniken verortet (vgl. Plappert et al., 2019: 857). Im dualen Studium findet die modular aufgebaute theoretische Ausbildung an Hochschulen statt und umfasst mindestens 2.200 Stunden. Die berufspraktischen Fertigkeiten werden in Kliniken vermittelt und umfassen ebenfalls mindestens 2.200 Stunden (vgl. DHV, o. D.). Grundlage der Ausbildung sind das Gesetz über das Studium und den Beruf von Hebammen (Hebammengesetz – HebG) und die Studien- und Prüfungsverordnung für Hebammen (HebStPrV) vom Januar 2020. Im Hebammengesetz werden unter anderem das Studienziel, der Zugang, die Dauer und die Struktur beschrieben. Ebenfalls verankert sind Angaben zum berufspraktischen und hochschulischen Teil des Studiums. So sind beispielsweise die Praxiseinrichtungen verantwortlich für die Durchführung des berufspraktischen Teils des Studiums und haben sicherzustellen, dass alle Praxiseinsätze auf Grundlage eines von der Praxiseinrichtung erstellten Praxisplans durchgeführt werden, nach den Vorgaben der Studien- und Prüfungsverordnung (vgl. HebG). Die verantwortliche Praxiseinrichtung muss hierfür mit freiberuflichen Hebammen, hebammengeleiteten Einrichtungen oder ggf. auch mit anderen Krankenhäusern Vereinbarungen treffen. Diese Verantwortlichkeit oblag bisher den Hebammenschulen, die sowohl die theoretische, als auch die praktische Ausbildung koordiniert haben.

Die Hochschule, die für die Durchführung der theoretischen und praktischen Lehrveranstaltungen auf Grundlage eines von ihr erstellten modularen Curriculums verantwortlich ist, prüft, ob der Praxisplan für den berufspraktischen Unterricht den Anforderungen des Curriculums entspricht (vgl. ebd.). Bisher existiert deutschlandweit kein einheitliches Curriculum für die verschiedenen Studiengänge, womit deutlich wird, dass es Unterschiede in der Ausbildung der Hebammen gibt. Einen groben Rahmen für die Erstellung der Curricula legt die Studien- und Prüfungsverordnung für Hebammen fest, in der die Kompetenzen für die staatliche Prüfung zur Hebamme beschrieben werden. In Abschnitt 2.3.3 wird ausführlich auf die Kompetenzen eingegangen, über die Hebammen nach der Ausbildung verfügen sollten.

2.3 Kompetenz und Kompetenzorientierung

2.3.1 Klärung des Kompetenzbegriffes

Es existieren eine Vielzahl von Definitionen des Begriffes „Kompetenz", abhängig davon, in welchem Kontext oder in welcher Wissenschaftsdisziplin er verwendet wird. Um Konsequenzen für Prüfungen abzuleiten und Klarheit zu schaffen, in welchem Kontext Kompetenz in dieser Arbeit gesehen wird, ist es nötig, das Konstrukt Kompetenz zu analysieren und zu erläutern. In dieser Arbeit wird insbesondere Bezug auf die berufliche Handlungskompetenz genommen.

Als Grundlage für das Leitbild der beruflichen Handlungskompetenz kann das Konzept zur Persönlichkeitsentwicklung des Anthropologen Heinrich Roth gesehen werden. Er definiert Kompetenzen als individuelle Dispositionen, die dazu befähigen, in neuen Situationen zu handeln und zu urteilen. Roth interpretiert Mündigkeit als Kompetenz, die durch die Entwicklung der drei Kompetenzbereiche Selbstkompetenz, als „Fähigkeit, für sich selbst verantwortlich handeln zu können", Sachkompetenz, als „Fähigkeit, für Sachbereiche urteils- und handlungsfähig und damit zuständig sein zu können" und Sozialkompetenz, als „Fähigkeit, für sozial, gesellschaftlich und politisch relevante Sach- oder Sozialbereiche urteils- und handlungsfähig und also ebenfalls zuständig sein zu können" zu Handlungsfähigkeit führt (vgl. Roth, 1971: 180).

Weinert bezieht sich in seiner weithin anerkannten Definition von Kompetenz auf verfügbare oder erlernte kognitive Fähigkeiten und Fertigkeiten zur Problemlösung und die Bereitschaft, die Fähigkeiten in variablen Situationen verantwortungsvoll zu nutzen (vgl. Weinert, 2002: 27). Er unterscheidet fachliche Kompetenzen, fächerübergreifende Kompetenzen und Handlungskompetenzen, die kognitive, soziale, motivationale, volitionale und moralische Kompetenzen enthalten, mit denen erworbene Kenntnisse und Fertigkeiten erfolgreich genutzt werden können (vgl. ebd.: 28). Demnach ist Handlungskompetenz ein Konstrukt, in das verschiedene Kompetenzen einfließen. Um Aufgaben und Probleme zu lösen, reicht (Fach)Wissen allein nicht aus. Der Mensch muss bereit sein und den Willen haben, Problemlösungen zu erarbeiten und Aufgaben zu lösen oder zu erledigen. Kompetenzen schließen Fertigkeiten, Fähigkeiten, Wissen, Einstellungen und Werte ein (vgl. Schleiff, 2018: 143).

In der Berufsbildung steht die Entwicklung beruflicher Handlungskompetenz als Fähigkeit „aus einem begrenzten Regelsystem heraus (Wissensbasis) eine unendliche Vielzahl von situationsadäquaten Handlungen generieren zu können" im Mittelpunkt (vgl. Schaper, 2012: 16). Dabei werden zunächst einzelne Handlungskonzepte für spezifische Handlungen entwickelt, die in der Folge als allgemeine Handlungsschemata für das Ausführen von ähnlichen Handlungen zusammengefasst werden (vgl. Edelmann & Wittmann, 2019: 180). Beispielsweise muss für eine hebammengeleitete Wochenbettvisite zunächst ein Handlungskonzept erarbeitet werden, um die Untersuchungen fachgerecht und strukturiert durchführen zu können. Eine vollständige Wochenbettvisite, ob im klinischen oder häuslichen Umfeld umfasst viele einzelne Untersuchungen der Wöchnerin und des Neugeborenen. So werden die Vitalzeichen der Mutter erhoben, die Brüste inspiziert und palpiert, der Zustand der Brustwarzen wird beurteilt, ebenso wird die Bauchmuskulatur ertastet, der Höhenstand bzw. die Rückbildung der Gebärmutter sowie der Wochenfluss werden beurteilt und eventuelle Dammverletzungen inspiziert. Das Neugeborene wird gewogen, vollständig inspiziert und die Nabelheilung beurteilt. Hinzu kommt die Beratung zu relevanten Themen wie beispielsweise das Stillen, die Pflege der Brustwarzen und ggf. der Dammverletzung, die Ernährung der stillenden Mutter, die Bedürfnisse und die Pflege des Neugeborenen und vieles mehr. Für jede einzelne Untersuchung muss die werdende Hebamme konkrete Handlungskonzepte entwickeln, die dann in ein allgemeines Handlungsschema münden. Die spezifische Handlungskompetenz ergibt sich aus der Gesamtheit der Handlungskonzepte und Handlungsschemata, die die werdende Hebamme generiert.

Berufliche Handlungskompetenz erlangt, wer durch Lernen und Erfahrung erworbene bzw. erwerbbare Ressourcen oder Dispositionen zur Bewältigung spezifischer (beruflicher) Anforderungen in neuen Situationen nutzt (vgl. Fabry, 2023: 118). Fabry grenzt Kompetenz von Fertigkeiten ab, da Kompetenz sich vor allem in der Bewältigung neuer, noch nicht dagewesener Situationen zeigt, in denen automatisierte Handlungsroutinen nicht ausreichen (vgl. ebd.).

Das Bundesinstitut für Berufsbildung (BIBB) fasst unter beruflicher Handlungskompetenz Fach-, Sozial- und Selbstkompetenz zusammen (vgl. BIBB, 2020). Ergänzt wird diese Einteilung im beruflichen Kontext noch um die Methodenkompetenz, so dass folgende vier Kompetenzbereiche definiert werden können:

- Fachkompetenz umfasst die berufsspezifischen Kenntnisse und Fertigkeiten und die Befähigung fachbezogene Sach- und Arbeitsaufgaben zu lösen.
- Sozial-kommunikative Kompetenz als Fähigkeit, in zwischenmenschlichen Beziehungen angemessen zu kommunizieren und in Teams kooperativ zusammenzuarbeiten.
- Selbst- oder Persönlichkeitskompetenz, die die persönliche Haltung zur Welt und zur Arbeit widerspiegelt, sowie sich selbst und das eigene Wissen und Können zu reflektieren und zu verändern.

- Methodenkompetenz als fächerübergreifende Kenntnisse, Fähigkeiten und Fertigkeiten mit denen Aufgaben und Probleme bewältigt werden durch Auswahl, Planung und Umsetzung sinnvoller Lösungsstrategien, die auch zur Aneignung neuer Kenntnisse und Fähigkeiten eingesetzt werden (vgl. Pastoors, 2018: 2f; Pätzold, 2006: 72).

Für berufliche Handlungskompetenz sind jedoch nicht nur Fachwissen, Sozial-Selbst- und Methodenkompetenz nötig. Ebenso sind fächerübergreifende, multifunktional angewandte Kompetenzen, die Handlungsfähigkeit in neuen Situationen ermöglichen, sogenannte Schlüsselkompetenzen oder „Soft Skills", nötig (vgl. Schaper, 2012: 19). Neben den jeweiligen Fachkenntnissen ermöglichen die Schlüsselkompetenzen auf die sich stetig verändernden Anforderungen in Beruf und Gesellschaft adäquat zu reagieren und Strategien zu entwickeln, mit denen heutige und auch zukünftige Probleme und Fragestellungen bewältigt werden können (vgl. Ufert, 2015: 7 f).

Wilbers beschreibt Kompetenz als eine Disposition, die dem Individuum eine selbstständige, erfolgreiche und verantwortungsvolle Gestaltung variabler Situationen ermöglicht (vgl. Wilbers, 2019: 61). Folglich geht Kompetenz über ein bloßes Ausführen beruflicher Fertigkeiten in sich wiederholenden Routinesituationen hinaus. Erst die adäquate, reflektierte und begründete Handlung in unterschiedlichen Situationen oder Settings lässt auf Kompetenz schließen.

Unter Fertigkeiten oder „Skills" versteht man die Beherrschung bestimmter Abläufe und Verhaltensweisen (vgl. Blickle, 2019: 237). Sie sind „gelernte Integrationen gut ausgeführter Leistungen" und werden besser, je mehr geübt wird (vgl. Becker- Carus & Wendt, 2017: 336).

Beispielhaft wäre hier die vaginale Untersuchung im Rahmen der Betreuung einer Gebärenden zu nennen. Gemäß der Leitlinie „Vaginale Geburt am Termin" soll eine vaginale Untersuchung nach strenger Indikation erfolgen. Die betreuende Person soll sich sicher sein, dass die Untersuchung erforderlich ist, um Informationen hinsichtlich des weiteren Ablaufes zu bekommen und die Notwendigkeit der Untersuchung der Gebärenden erläutern (vgl. DGGG & DGHWI, 2020: 109). Eine werdende Hebamme erlernt zunächst die Skills zur Durchführung der Untersuchung. Nach Erlernen und Üben des Ablaufs der Untersuchung wird diese Fertigkeit integriert und läuft durch weitere Übung zunehmend autonom und automatisch ab, ohne dass über die Handlung an sich nachgedacht werden muss (vgl. Becker-Carus & Wendt, 2017: 337). Die Durchführung der vaginalen Untersuchung alleine zeigt, dass die Fertigkeit beherrscht wird. Die Überlegung, ob eine Untersuchung in der jeweiligen Situation indiziert und sinnhaft ist, da mit Hilfe des Befundes über das weitere Procedere entschieden werden muss, beweist multidimensionale Kompetenz. Die betreuende Person generiert ihr Wissen und Können und reflektiert und begründet die Durchführung einer vaginalen Untersuchung, die auch immer eine Intervention ist und für die Gebärende unangenehm oder sogar schmerzhaft. Ebenso muss der erhobene Befund bewertet und eingeordnet werden, das Ergebnis der Untersuchung in Bezug zum Geburtsverlauf gesetzt werden. Neben der Beherrschung der Skills kommt hier die kontextbezogene Kompetenz hinzu, denn die Geburtsverläufe sind so individuell wie die Gebärenden und ihre Kinder. Keine Geburt gleicht der anderen, so dass die werdenden Hebammen in immer wieder neuen und sich verändernden Situationen Untersuchungen durchführen und den erhobenen Befund in Kontext zum jeweiligen Geburtsverlauf setzen müssen.

Kompetenzen werden als Disposition beschrieben, als die individuellen Anlagen und inneren Voraussetzungen zur Regulation einer Handlung oder Tätigkeit, das Gegenteil von manifesten, direkt beobachtbaren Eigenschaften (vgl. Erpenbeck et al., 2017: XIII; Wilbers, 2019: 60). Wenn Dispositionen und damit Kompetenzen nicht sichtbar sind, stellt sich die Frage nach der Messbarkeit von Kompetenzen. Nach Chomsky ist Kompetenz immer in der Performanz zu sehen, dem konkreten Verhalten und der Handlungsfähigkeit des Menschen (vgl. Chomsky, 1973, zitiert nach Erpenbeck & Sauter, 2016: 37). Aufgrund bestimmter, beobachtbarer Handlungsweisen werden einer handelnden Person bestimmte Kompetenzen zugeschrieben (vgl. Erpenbeck et al., 2017: XVI). Wir schließen aus der Handlung auf die Kompetenz, durch das Verhalten wird die Kompetenz sichtbar. Zu bedenken ist hier, dass ggf. durch das Verhalten nicht immer das volle Leistungspotenzial gezeigt wird (vgl. Darmann-Finck & Reuschenbach, 2013: 24).

Wenn eine werdende Hebamme eine schmerzbelastete Gebärende mit kräftigen Wehen vaginal untersucht, wird zunächst sichtbar, inwieweit die Fertigkeit beherrscht wird. Wenn jedoch rücksichtsvoll und empathisch eine Wehenpause für die Untersuchung abgewartet wird, die Untersuchung vorsichtig und einfühlsam durchgeführt und der Frau der erhobene Befund in verständlicher Art und Weise erläutert wird, kann man von kompetenter Handlungsfähigkeit sprechen.

2.3.2 Qualifikationsrahmen als Kompetenzorientierung

Im Zuge der Veränderung des Studiensystems in Europa durch die Bologna-Reform wurden einheitliche allgemeine Kompetenzbeschreibungen für die verschiedenen Abschlüsse nötig. Für eine bessere nationale und internationale

Vergleichbarkeit der Ausbildungsgänge und Abschlüsse wurden Qualifikationsrahmen entwickelt. Sie beschreiben das dem jeweiligen Abschluss zugeordnete Qualifikationsprofil, die angestrebten Lernergebnisse, die formalen Aspekte eines Ausbildungslevels, wie zum Beispiel den Arbeitsumfang, Zulassungskriterien oder die Bezeichnung der Abschlüsse und vor allem die Kompetenzen und Fertigkeiten, über die eine Absolventin oder ein Absolvent verfügen sollte (vgl. KMK, 2017: 2).

Der von der Europäischen Union 2007 verabschiedete „Europäische Qualifikationsrahmen für lebenslanges Lernen" (EQR) bietet mit acht beschriebenen Qualifikationsniveaus einen Orientierungsrahmen (vgl. EU, 2008: 3). Der EQR dient als Übersetzungshilfe und beschreibt Lernergebnisse sämtlicher europäischer Qualifikationsnachweise (vgl. Dütthorn, 2015: 2). Als nationale Umsetzung des EQR wurde im Mai 2013 in Deutschland auf der Grundlage des Gemeinsamen Beschlusses zum Deutschen Qualifikationsrahmen des Bundesministeriums für Bildung und Forschung (BMBF), des Bundesministeriums für Wirtschaft und Energie (BMWi), der Kultusministerkonferenz (KMK) und der Wirtschaftsministerkonferenz (WMK) der „Deutsche Qualifikationsrahmen für lebenslanges Lernen (DQR)" eingeführt. Mit dem DQR sollen schulisch, beruflich, hochschulisch oder betrieblich erworbene Kompetenzen bewertet und innerhalb Europas vergleichbar gemacht werden (vgl. Büchter et al., 2012: 7). Die hier allgemein beschriebenen fachlichen und personalen Kompetenzen werden in Anlehnung an den EQR in acht Niveaus unterteilt und den Abschlüssen zugeordnet, die im deutschen Bildungswesen erworben werden können. Das DQR-Niveau sechs entspricht hinsichtlich der beschriebenen Kompetenzen und Anforderungen beispielsweise einem Abschluss auf Bachelorebene. Demnach werden mit dem Bachelorabschluss Kompetenzen zur „Planung, Bearbeitung und Auswertung von umfassenden fachlichen Aufgabe- und Problemstellungen sowie zur eigenverantwortlichen Steuerung von Prozessen in Teilbereichen eines wissenschaftlichen Faches oder in einem beruflichen Tätigkeitsfeld" erworben (vgl. BMBF, o. D.).

Das ausschlaggebende Kompetenzmodell für die hochschulische Ausbildung in Deutschland ist der von der Hochschulrektorenkonferenz (HRK), der KMK und dem BMBF erarbeitete und 2017 in seiner überarbeiteten und erweiterten Fassung verabschiedete „Qualifikationsrahmen für deutsche Hochschulabschlüsse (HQR)". Dieser beschreibt Qualifikationsprofile auf den drei Stufen Bachelorebene, Masterebene und Doktoratsebene (vgl. KMK, 2017: 3). Auf allgemeiner Ebene werden Kompetenzen und Fähigkeiten das Wissen und Verstehen sowie den Einsatz, die Anwendung und die Erzeugung von Wissen betreffend beschrieben. Weitere Kategorien sind die Kommunikation und Kooperation, wissenschaftliches Selbstverständnis und die formalen Aspekte. Damit werden die

Qualifikationsprofile transparent und die Ausbildungsgänge auf nationaler und internationaler Ebene vergleichbar. Die Kompetenzbeschreibungen des HQR bilden die Grundlage für die Entwicklung von Curricula und werden ja nach Studienfach konkretisiert (vgl. ebd.: 2)

2.3.3 Der Kompetenzbegriff im Hebammenwesen

Um die Frage zu beantworten, ob mittels OSCE Hebammenspezifische Kompetenzen geprüft werden können, soll zunächst erläutert werden, über welche Kompetenzen eine Hebamme verfügen muss. Weltweit gibt es Unterschiede in den Kompetenzen und der Arbeitsweise von Hebammen, abhängig davon, in welchem Land sie arbeiten und welche Geburtshilfekultur in diesem Land vorherrscht. Internationale Organisationen wir die World Health Organisation (WHO), United Nations Children´s Fund (UNICEF), der United Nations Population Fund (UNFPA) und die International Confederation of Midwives (ICM) plädieren für einen Mindeststandard in der Ausbildung von Hebammen in allen Ländern, damit Hebammen weltweit über die gleichen Kompetenzen verfügen (vgl. Bovermann, 2021: 20). Die ICM hat durch Expertinnen und Experten und auf Basis weltweiter Befragungen ein Kompetenzprofil für Hebammen erstellt und 2019 die „Essential Competencies for Midwifery Practice" in der neusten Version veröffentlicht (vgl. ICM, 2019). Unterteilt in vier miteinander verbundene Kategorien wurde ein Kompetenz-Rahmenmodell erstellt, das allgemeine und spezifische Kompetenzen beschreibt. Allgemeine Kompetenzen beziehen sich unter anderem auf die Verantwortlichkeit der Hebamme als Angehörige der Gesundheitsberufe und die Beziehung zu Frauen und zu anderen Professionen. Sie soll beispielsweise als selbstständig praktizierende Hebamme die Verantwortung für eigene Entscheidungen und Tätigkeiten übernehmen und gesetzliche Vorschriften und Verhaltenskodizes einhalten (vgl. ICM, 2019a: 9). Die drei spezifischen Kategorien listen detailliert auf, über welche fachlichen Kompetenzen eine Hebamme verfügen soll bezüglich der Zeit vor und während der Schwangerschaft, in der Betreuung bei Wehentätigkeit und während der Geburt und in der weiteren Betreuung von Frauen und Neugeborenen (vgl. ebd.: 5). Dabei umfassen die aufgeführten Kompetenzen sowohl das dafür nötige Wissen als auch die nötigen Fertigkeiten und das Verhalten. Hebammen sollen laut ICM die normalen Geburtsprozesse fördern, den Gesundheitszustand von Mutter und Kind fördern und Normabweichungen erkennen. Sie sollen kommunikative Kompetenzen besitzen und empathisch zuhören. Ebenso sollen Hebammen Prinzipien der

Forschung und der evidenzbasierten Praxis kennen und an der Hebammenausbildung mitwirken. Die „Essential Competencies for Midwifery Practice“ der ICM wurden in Zusammenarbeit vom Deutschen Hebammenverband, vom Schweizerischen Hebammenverband und dem Österreichischen Hebammengremium auch in die deutsche Sprache übersetzt.

Die Kompetenzbeschreibungen sollen globale Standards dessen darstellen, was Hebammen können sollen. Laut einer Studie von Chakraborty et al. gibt es jedoch Unterschiede in den Tätigkeitsbereichen von Hebammen (vgl. Chakraborty et al., 2023). In dieser Arbeit wurden die Tätigkeitsbereiche und Kompetenzen von Hebammen in Argentinien, Ghana und Indien erfragt und mit den Standards der ICM verglichen. Hebammen in Ghana schienen mehr den ICM-Standards entsprechende Fähigkeiten zu besitzen, da die länderspezifischen Kompetenzanforderungen an Hebammen stärker an denen der ICM ausgerichtet waren. Indische Hebammen gaben insgesamt weniger Fähigkeiten und Verhaltensweisen an, die den ICM-Standards entsprachen. Jedoch unterlag die Studie einigen nicht unerheblichen Limitationen. So wurden möglicherweise Dokumente über die länderspezifischen Vorschriften und Zuständigkeiten der Hebammen übersehen und somit nicht in die Auswertung einbezogen. Außerdem wurden ggf. die eigenen Kompetenzen von den befragten Hebammen falsch eingeschätzt. Möglicherweise unterlagen die ICM-Kompetenzen als Maßstab aufgrund ihrer Komplexität auch Messfehlern, da nicht alle Verhaltensweisen und Fertigkeiten in jeder Unterkategorie berücksichtigt wurden. Aufgrund der Covid-19-Pandemie konnte es außerdem zu Verzerrungen in den Antworten gekommen sein. Trotzdem kamen die Autoren zu dem Schluss, dass die komplexen, zusammengesetzten Beschreibungen der ICM-Standards nicht als gültige Maßstäbe zur Kompetenzmessung eingesetzt werden können und ein vereinfachtes, inhaltsvalides Messsystem erforderlich ist, um die Kompetenzbewertung von Hebammen zu erleichtern.

In Deutschland bilden das Hebammengesetz und die Studien- und Prüfungsverordnung für Hebammen die Grundlage für die akademische Ausbildung der Hebammen, in der auch die Kompetenzen für die staatliche Prüfung zur Hebamme zusammengestellt sind. Absolventinnen und Absolventen sollen demnach beispielsweise neben der Überwachung der physiologischen Prozesse um Schwangerschaft, Geburt, Wochenbett und Stillzeit auch kommunikative Kompetenzen erwerben, wissenschaftsbasiert Handeln, das Selbstbestimmungsrecht der Frau wahren, interprofessionell arbeiten, an der Erstellung von Standards und Leitlinien mitwirken und dabei ihr Handeln reflektieren und begründen (vgl. HebStPrV, 2020). Leider werden hier die Kompetenzen nur grob beschrieben. Beispielsweise wird in der Kompetenzbeschreibung der ICM unter Kompetenz

2. c zur Überprüfung und Beurteilung des fetalen Wohlergehens genau erläutert, dass die Hebamme „durch Untersuchung des mütterlichen Bauches die Größe des Fötus, das Fruchtwasservolumen, die Position des Fötus und die fetale Aktivität und Herzfrequenz überprüfen und beurteilen" soll (vgl. ICM, 2019a: 16). In der HebStPrV wird hingegen lediglich beschrieben, dass Hebammen am Ende der Ausbildung in der Lage sein sollen, „die Entwicklung des ungeborenen Kindes durch erforderliche klinische Untersuchungen und Assessmentinstrumente" zu überwachen und zu beurteilen (vgl. HebStPrV, 2020). Diese wenig konkrete Beschreibung bietet für Prüfende keinen Anhalt, was genau die Studierenden zeigen müssen, um eine gute Bewertung zu erhalten. Ebenso sind derart allgemeine Kompetenzbeschreibungen für die Erstellung eines Curriculums für einen Hebammenstudiengang nur bedingt hilfreich.

Die Bildungskommission des DHV hat im Jahr 2019 ein umfassendes Kompetenzprofil für Hebammen in Deutschland erarbeitet und damit eine Grundlage für die Studiengänge und Curricula geschaffen. Auf Basis der Kompetenzmodelle der ICM und der Klassifikation des DQR aus dem Jahr 2012 werden zum einen allgemeine, für alle Aspekte der Hebammentätigkeit geltende und zum anderen spezifische Kompetenzen beschrieben (vgl. DHV, 2019: 5). Die allgemeinen Kompetenzen beziehen sich in Anlehnung an das Kompetenzmodell der ICM zum Beispiel auf das Wissen um und das Handeln nach gesetzlichen Vorgaben, auf ethische und moralische Aspekte der Hebammenarbeit, auf allgemeine Fachkompetenzen, auf Kommunikation und Interaktion mit den Frauen und die interprofessionelle Zusammenarbeit. Die spezifischen Kompetenzen werden unterteilt in die Bereiche Schwangerschaftsbetreuung, Geburtsbegleitung und Betreuung im Wochenbett und Säuglingszeit und beschreiben detailliert, über welche Fertigkeiten eine Hebamme in diesen Bereichen verfügen soll. Ergänzt wurde die Kategorie fünf, deren Inhalte unter anderem Kompetenzen für die Kursarbeit in Form von Geburtsvorbereitungskursen oder Einzelunterweisungen, sowie für die Betreuung von Frauen in Konfliktschwangerschaften oder nach Schwangerschaftsabbruch nach der 12. Schwangerschaftswoche sind.

In der Kategorie zwei der spezifischen Kompetenzen, die die Betreuung der schwangeren Frau umfassen, wird unter 2.1 die Überwachung des Wohlergehens und der Entwicklung des Ungeborenen beschrieben. Demnach soll die Hebamme die Größe des Kindes überwachen und beurteilen können und sowohl die Fruchtwassermenge als auch die Position des Ungeborenen durch die vorgesehenen manuellen und technischen Untersuchungsmethoden feststellen (vgl. DHV, 2019: 15). Des Weiteren sollen die unterschiedlichen Methoden zur fetalen Herztonüberwachung eingesetzt werden und die Befunde ausgewertet werden. In der

Kategorie drei, die Geburtsbetreuung betreffend, wird erwartet, dass Absolventinnen und Absolventen des Hebammenstudiums den mütterlichen Zustand in angemessenen Abständen erheben und beurteilen können. Dies bezieht sich auf die Vitalzeichen, die Beurteilung der Wehentätigkeit, die vaginale Untersuchung zur Feststellung der Muttermundweite und Wahrnehmung von psychischen Reaktionen der werdenden Mutter (vgl. ebd.: 17). Sehr konkret werden unter 3.3 die Fertigkeiten und personalen Kompetenzen zur Versorgung des Neugeborenen unmittelbar nach der Geburt beschrieben. So soll die Hebamme beispielsweise den Zustand des Kindes mittels Apgar-Score bestimmen können und die Erstuntersuchung nach den aktuellen Richtlinien durchführen können (vgl. DHV, 2019: 20). Mit diesen Kompetenzbeschreibungen können Prüfende nachvollziehen, was eine werdende Hebamme zeigen muss, um das Examen zu bestehen.

Es ist sinnvoll, neben den Vorgaben der HebStPrV ein differenzierteres Kompetenzprofil basierend auf dem Standard des ICM für die Erarbeitung von Curricula in den Hebammenstudiengängen zu verwenden (vgl. Bovermann, 2021: 24). Frauen und ihre neugeborenen Kinder benötigen in der Schwangerschaft, während der Geburt, im Wochenbett und während der Stillzeit kompetente Hilfe durch Hebammen. Die qualitative Fokusgruppen-Studie „Präferenzen und Defizite der Gesundheitsversorgung durch Hebammen in Deutschland aus Sicht von schwangeren Frauen“, die zwischen 2015 und 2016 an der Martin-Luther-Universität Halle-Wittenberg durchgeführt wurde, hat untersucht, was Frauen sich von einer Hebamme wünschen. Neben kontinuierlicher Betreuung, zeitlicher und emotionaler Verfügbarkeit und Einfühlungsvermögen sind es auch Kompetenzen wie Fachwissen, Beratung, psychologisches Wissen, Empathie und praktische Hilfe für den Alltag, die sich Frauen von Hebammen wünschen und auch erwarten (vgl. Ayerle & Mattern, 2018: 31f). Nach Ayerle und Mattern erwarten Frauen unter anderem fundierte Informationen und Beratung, evidenzbasierte Hilfe und praktische Anleitung. Kompetenzen, die werdende Hebammen in der Ausbildung erwerben und am Ende der Ausbildung nachweisen müssen.

2.4 Prüfungen und Kompetenzmessungen

Der Zweck von Prüfungen ist es, Leistungen und fachliche Befähigungen zu prüfen (vgl. Hirdina, 2019: 52). Hochschulische Prüfungen bilden für Lernende den Abschluss der tertiären Bildungsphase und damit häufig den Eintritt in das Berufsleben oder die weitere Qualifikation im Beruf.

Im Zuge der Hochschulreform hat sich mit der Einführung der Bachelor- und Masterstudiengänge das Prüfungssystem verändert. In traditionellen Studiengängen finden laut § 15 des Hochschulrahmengesetzes (HRG) abschlussrelevante Prüfungen in der Mitte und am Ende des Studiums statt (vgl. HRG, 1999). Die Prüfungen in Bachelor- und Masterstudiengängen finden studienbegleitend statt und sind Bestandteile der Module (vgl. Schaper & Hilkenmeier, 2013, S. 7). Jedes Modul schließt mit einer Prüfung ab, in der die Studierenden zeigen sollen, welche Kompetenzen sie erworben haben. Seit der Modularisierung der Bachelor- und Masterstudiengänge hat sich die Anzahl der Prüfungen für Studierende dementsprechend vervielfacht. Die Belastung einer Prüfung konzentriert sich nicht mehr nur auf das Ende des Studiums. Studierende sehen sich einem andauernden Prüfungszeitraum über die gesamte Studienzeit hinweg gegenüber (vgl. Reinmann, 2016, S. 3). In der Erhebung zur Studiensituation und zu den studentischen Orientierungen an Universitäten und Fachhochschulen im Wintersemester 20215/2016 gaben drei Viertel der Studierenden an Universitäten und zwei Drittel Fachhochschulstudierende an, durch die vielen Prüfungen belastet zu sein. 38 % bzw. 33 % der Studierenden fühlen sich sogar stark belastet (vgl. BMBF, 2017: 56). Möglicherweise sind die Leistungen der Studierenden durch fortwährende Prüfungen beeinflusst.

Prüfungen erfüllen wichtige Funktionen im Rahmen eines Studiums, für die Hochschule, für die Lernenden und auch für die Lehrenden. So haben sie eine Steuerungsfunktion, da involvierte Akteure wie die Bildungsministerien, die Hochschulen selbst und auch die Akkreditierungsagenturen mit den Ergebnissen wichtige Informationen erhalten (vgl. Döbler, 2019: 37 f). Im Sinne des Qualitätsmanagements können die Ergebnisse von Abschlussprüfungen als Indikator dienen, inwieweit die Hochschule Studierende qualifizieren kann, die für einen Studiengang formulierten Ziele zu erreichen (vgl. Schindler et al., 2015: 62). Die Fakultäten erhalten außerdem Informationen, ob die Lernziele eines Studienganges angemessen sind und über Studien- und Prüfungsverhalten der Studierenden (vgl. Döbler, 2019: 38). Anhand der Prüfungsergebnisse können die Qualität des Studienangebotes evaluiert und die Prüfungspraxis analysiert werden (vgl. Schaper, 2021: 90). Es können Rückschlüsse gezogen werden, ob das jeweilige Prüfungsformat das geeignete ist und ggf. curriculare Änderungen vorgenommen werden sollten.

Lehrende können anhand der Prüfungen die eigene Unterrichtskompetenz beurteilen, die Angemessenheit ihrer Unterrichtsmethoden reflektieren und erhalten eine Rückmeldung, wie verständlich und effizient ihre Unterrichtsgestaltung ist (vgl. Weidauer, 2015: 48).

Macke et al. schreiben Prüfungen unterschiedliche Funktionen für die Lernenden zu. Demnach haben Prüfungen eine Rückmelde-, eine Informations-, eine Motivierungs- und eine Disziplinierungsfunktion (vgl. Macke et al., 2016: 141). Studierende erhalten durch die Prüfungsergebnisse eine Rückmeldung, ob und inwieweit die geforderten Kompetenzen erreicht wurden. Die Prüfungsergebnisse informieren Studierende, wo eventuelle Defizite sind und was noch zu lernen ist. Anstehende Prüfungen motivieren zum Lernen. Dunlosky et al. beschreiben, dass Studierende den Stoff intensiv vor Prüfungen lernen, wenngleich das langfristige Erinnern effektiver ist, wenn über einen längeren Zeitraum gelernt wird (vgl. Dunlosky et al., 20213). Des Weiteren motivieren gute Ergebnisse sowohl die Studierenden zum Weiterlernen, als auch die Lehrenden (vgl. Pfäffli, 2015: 269).

Grundsätzlich sind summative und formative Prüfungen zu unterscheiden. Summative Prüfungen haben oft eine selektive Funktion, in dem sie am Ende eines Moduls oder zum Abschluss des Studiums den Wissens- und Kompetenzstand erheben (vgl. ebd., Fabry, 2023: 243; Schaper, 2021: 89). In den Bachelor- und Masterstudiengängen werden nach jedem Modul die Leistungen bzw. der Kompetenzerwerb der Studierenden geprüft. Mit Bestehen der Prüfung öffnet sich für die Lernenden der Zugang zum nächsten Studienabschnitt. Mit dem Abschlusszeugnis wird den Studierenden am Ende des Studiums bescheinigt, die Ziele eines Studiengangs erreicht zu haben und die Kompetenzen erlangt zu haben, die im entsprechenden Studium als wichtig erachtet werden. Damit besteht Zugang zu weiteren Ausbildungsschritten, der Einstieg in die berufliche Tätigkeit oder die Möglichkeit des Aufstiegs innerhalb des ausgeübten Berufes. Die formative Prüfung hat oft eine prognostische Funktion und „zielt primär auf Analyse, Kontrolle, Steuerung und Begleitung des Lernprozesses“ (vgl. Pfäffli, 2015: 269). Studierende erhalten mit dem Ergebnis der formativen Prüfung eine qualitative Rückmeldung zum Lernstand bzw. zum Stand des Kompetenzerwerbs, was sie in ihrem Lernprozess unterstützen soll (vgl. Schaper, 2021: 89; Walzik, 2021: 16).

2.4.1 Gütekriterien von Prüfungen

Als Hauptqualitätsmerkmale von Prüfungen werden die allgemeinen Gütekriterien der Testtheorie beschrieben: Objektivität, Reliabilität und Validität (vgl. Kollewe et al., 2018: 99; Sahmel, 2018: 25; Ullrich, 2020: 185).

Objektivität ist gewährleistet, wenn das Ergebnis der Prüfung unabhängig ist vom Prüfer, wobei hier zwischen Durchführungsobjektivität (wer prüft), Auswertungsobjektivität (wer korrigiert) und Interpretationsobjektivität (wer gesamt bewertet) unterschieden wird (vgl. Ullrich, 2020: 186). Zur Erhöhung der Objektivität sollten alle Studierenden über die gleichen Informationen die Prüfung betreffend verfügen und die Abläufe der Prüfung standardisiert sein (vgl. Pfäffli, 2015: 270).

Die Reliabilität oder die Zuverlässigkeit einer Prüfung ist gegeben, wenn ein Verfahren unter gleichen Bedingungen die gleichen Ergebnisse erzielt (vgl. Weidauer, 2015: 50).

Die Validität oder die Gültigkeit einer Prüfung drückt aus, dass tatsächlich der Wissensstand der Studierenden mit dem angewendeten Prüfungsverfahren gemessen werden kann (vgl. Schaper, 2021: 97). In der Regel werden drei Arten der Validität unterschieden. Die Inhaltsvalidität gibt an, inwieweit die Leistungsmessung alle relevanten Aspekte umfasst (vgl. Ulrich, 2020: 186). Die einzelnen Items eines Tests sollten zu dem Lernziel passen, über das eine Aussage getroffen werden soll. Die inhaltliche Validität eines Tests wird von Experten beurteilt (vgl. Moosbrugger & Kelava, 2012: 15). Die Kriteriumsvalidität trifft eine Aussage darüber, inwieweit das Ergebnis der Prüfung mit dem Ergebnis anderer relevanter Kriterien übereinstimmt. Dabei sagt die Vorhersagevalidität aus, inwieweit anhand eines Testergebnisses auf die spätere Leistung in diesem Bereich geschlossen werden kann (vgl. Kollewe et al., 2018: 101). Die Übereinstimmungsvalidität sagt aus, inwieweit die beobachteten Leistungen den Ergebnissen vorangegangener Prüfungen entspricht (vgl. ebd.). Die Konstruktvalidität bezieht sich auf das zu prüfende Konstrukt, z. B. kommunikative Kompetenz. Mit statistischen Verfahren wird ermittelt, ob der Test das Konstrukt abbildet. Eine hohe Konstruktvalidität weisen Prüfungen auf, wenn Ergebnisse einer neu konzipierten Prüfung mit denen korrelieren, die dasselbe Konstrukt prüfen (vgl. ebd.). Die Herausforderung besteht darin, Prüfungsaufgaben und -verfahren zu entwickeln, die den Gütekriterien gerecht werden und mit denen es den Studierenden möglich ist, die zu prüfende Kompetenz zu zeigen.

2.4.2 Kompetenzorientierte Gestaltung von Prüfungen

Mit der Bologna-Reform findet seit 1999 eine Umorientierung im hochschulischen Bildungswesen statt. Eine kompetenzorientierte Hochschuldidaktik soll nicht mehr nur Inhalte eines Fachgebietes vermitteln. Der Paradigmenwechsel von der lehrzielorientierten hin zu einer lernzielorientierten Didaktik rückt den Lernprozess der Studierenden in den Mittelpunkt (vgl. HRK, 2015: 2). Aktives, selbstgesteuertes und selbstverantwortetes Lernen mit dem Ziel, wissenschaftliche Konzepte und Methoden zu erlernen und zu verstehen sowie damit verbundene fachbezogene und überfachliche Kompetenzen zu erwerben stehen im Focus der kompetenzorientierten universitären Bildung (vgl. HRK, 2015: 2; Fröhlich-Steffen & den Ouden, 2019: 12).

Die Wissensvermittlung in den Studiengängen soll in kompetenzorientierten Prüfungen münden, in denen die Studierenden Gelegenheit haben, ihre Kompetenzen angemessen zu zeigen. Problematisch ist hierbei laut Fabry, dass staatliche Prüfungen vorrangig Wissen abprüfen, da Wissensprüfungen leicht zu erstellen sind und objektiv und zuverlässig bewertet werden können (vgl. Fabry, 2023: 240). Nach Klieme et al. kann Kompetenz nur leistungsbezogen gemessen werden, weshalb die Operationalisierung einer Kompetenz sich auf eine konkrete Anforderungssituation beziehen muss (vgl. Klieme et al., 2003: 73). Die in der Prüfung zu erbringende Handlung muss Rückschlüsse auf die zugrundeliegenden, auch fächerübergreifenden Kompetenzen zulassen (vgl. Walzik, 2012: 23, Schaper & Hilkenmeier, 2013: 15). Ein gängiges Prüfungsformat sind beispielsweise die Multiple-Choice-Fragen. Dieses Format ist objektiv, weist eine hohe Reliabilität auf und ist ein ökonomisches Prüfungsverfahren (vgl. Kollewe et al., 2018: 104). Die Fragen müssen jedoch über reines Abprüfen des Faktenwissens hinausgehen und so formuliert werden, „dass Wissen angewandt und nicht nur wiedergegeben werden muss“ (vgl. ebd.). Andernfalls wird lediglich die Kompetenz des Auswendiglernens und des Abrufens von Faktenwissen unter Zeitdruck gemessen. Prüfungsformate sind zur Kompetenzerfassung geeignet, wenn sie den Studierenden die Möglichkeit geben, ihr Wissen und Können, den Umgang mit diesem Wissen und Können sowie Problemlösestrategien zu zeigen und komplexe kognitive Anforderungen an die Studierenden stellen (vgl. Schaper & Hilkenmeier, 2013: 31f; Reinmann, 2016: 6). Nach Schindler et al. müssen zu Prüfung von Kompetenz oder Voraussetzungen für kompetentes Handeln die Anforderungssituationen an echten, kontextgebundenen Situationen angelehnt sein (vgl. Schindler et al., 2015: 68). Jedoch können Kompetenzen bzw. die Performanz, die Ausdruck von Kompetenz ist, in „künstlichen Umgebungen“, wie beispielsweise in einer OSCE, nur exemplarisch dargestellt werden (vgl. Gallner, 2022: 19).

Eine wesentliche Anforderung an kompetenzorientierte Prüfungen ist die klare Definition und Kommunikation der Kompetenzen, die am Ende der Lerneinheit gezeigt werden sollen. Formulierte Lernergebnisse, die sogenannten „Learning outcomes“ beschreiben konkrete, messbare Kompetenzen am Ende eines Lernprozesses und bilden die Grundlage für kompetenzorientierte Prüfungen (vgl. Fröhlich-Steffen & den Ouden, 2019: 13). Sie geben Auskunft darüber, was Lernende nach Abschluss des Lernprozesses wissen, verstehen und in der Lage sind zu tun bzw. vorzuführen (vgl. HRK, 2015: 2). Fröhlich-Steffen und den

Ouden beschreiben die Bedeutung von Learning Outcomes für die Gestaltung von kompetenzorientierten Prüfungen unter Hinzuziehung des Constructive Alignments. Mit diesem Modell werden Learning Outcomes, Lehr-Lern-Aktivitäten und Prüfungen aufeinander abgestimmt, so dass für Studierende ein Zusammenhang erkennbar ist (vgl. Fröhlich-Steffen & den Ouden, 2019: 13). Anhand von Taxonomien werden Learning Outcomes formuliert, die den Studierenden vor der Lerneinheit mitgeteilt werden sollten.

Eine bewährte Beschreibung von Lehr-Lern-Prozessen bildet die in Abbildung 2.1 vereinfacht dargestellte kognitive Lernziel-Taxonomie nach Bloom. Dabei beginnt der Lernende am unteren Teil der Pyramide und steigert sein Wissen in höhere Level (vgl. Becker et al., 2016: 19).

Abbildung 2.1 Lernzieltaxonomien nach Bloom. (Quelle: Albrecht et al., 2023: 58; eigene Darstellung)

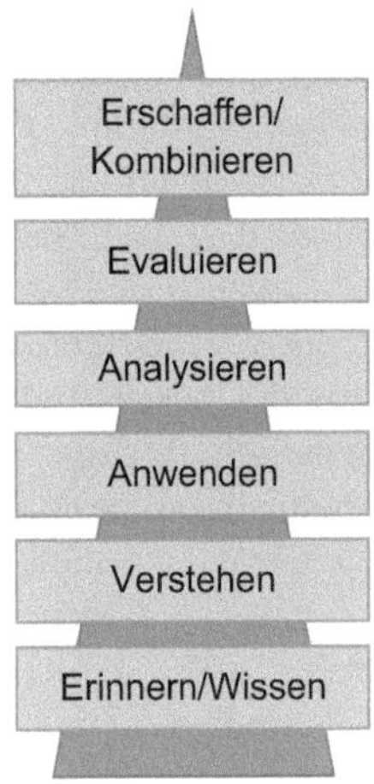

Die stufenweise Komplexität im Denkprozess muss bei der Formulierung von Lernzielen berücksichtigt werden (vgl. Albrecht et al., 2023: 57). So sollte zunächst Faktenwissen vermittelt werden, an das sich Studierende erinnern um in der Folge das Gelernte sinnvoll deuten zu können. Die Anwendung des Gelernten in einer neuen Situation ist die nächste zu erreichende Stufe, worauf die Verknüpfung zwischen Konzepten folgt. In der Stufe der Evaluierung können Studierende neue Informationen überprüfen und beurteilen und am Ende des Lernprozesses diese Informationen nutzen, um sich in neuen Situationen adäquat zu verhalten bzw. Gelerntes anzuwenden (vgl. ebd.:58).

Passend zu den Learning Outcomes werden entsprechende Prüfungsformate und Lehr-Lernverfahren gewählt, um die Studierenden auf die Prüfungsformate vorzubereiten. Zentrale Faktoren des Constructive Alignment sind die Fokussierung auf das Learning Outcome, von dem aus Lernaktivitäten und Prüfungen geplant werden und der für die Studierenden nachvollziehbare Zusammenhang zwischen den Lernaktivitäten und der Prüfung (vgl. Fröhlich-Steffen & den Ouden, 2019: 13).

Hier wird deutlich, dass im Sinne einer kompetenzorientierten Lehre und Prüfung eine Vorbereitung der Studierenden auf das jeweils genutzte Prüfungsformat unerlässlich ist. Vorlesungen zur Durchführung einer Wochenbettvisite werden Studierende nicht auf eine objektive, strukturierte klinische Prüfung vorbereiten. Hier sollte nach theoretischer Wissensvermittlung praktischer Unterricht, im besten Fall simulationsbasierte Lehre im Skills-Lab anschließen.

2.5 Das Prüfungsformat OSCE

Die OSCE wurde in den 1970er Jahren von Harden mit dem Ziel entwickelt, die klinische Kompetenz von Medizinstudenten geplant, strukturiert und objektiv zu prüfen und die Gültigkeit und Zuverlässigkeit der Leistungsbeurteilungen zu verbessern (vgl. Schlegel & Sroka, 2023: 2; Khan et al., 2013: e1437). Tabelle 2.1 beschreibt die Merkmale einer OSCE (vgl. Schmal, 2023: 284). Um die Unzuverlässigkeit und die mangelnde Generalisierbarkeit traditioneller Prüfungen zu minimieren, bekommen alle Prüflinge die gleichen Aufgaben, die in der gleichen Zeit zu lösen sind (vgl. Gormley, 2011: 127). Zunächst nur für das Medizinstudium genutzt, hat sich dieses Prüfungsformat auch in der Ausbildung weiterer Gesundheitsberufe etabliert. Mit OSCE werden definierte klinisch-praktische Fertigkeiten und Kompetenzen wie Handlungsentscheidungen, kommunikative Fertigkeiten und ethische Haltungen geprüft (vgl. Dilly, 2022: 238; Nikendei & Jünger, 2006: 2).

OSCE bietet die Möglichkeit, mehrere Prüfungsstationen mit unterschiedlichen Anforderungen sowie unterschiedliche Prüfungsformen zu kombinieren (vgl. Bonse-Rohmann, 2021: 474). Die Prüflinge absolvieren zeitgleich eine Vielzahl von Prüfungsaufgaben mit verschiedenen Aufgabenstellungen. Sowohl klinisch-praktische Fertigkeiten wie die venöse Blutentnahme oder die Blutdruckmessung, als auch kommunikative Fertigkeiten wie das Patient*innengespräch können mithilfe von Simulatoren, Modellen oder standardisierten Patient*innen geprüft werden (vgl. Dilly, 2022: 240). Als Bewertungsinstrumente dienen Checklisten mit einfachen (erfüllt/nicht erfüllt) oder mehrstufigen Bewertungen, sowie globale Ratings zur Einschätzung der sogenannten „soft skills“ wie Kommunikation oder Zugewandtheit (vgl. Dunger & Schnell, 2022, S. 452). Die Objektivität

Tabelle 2.1 Merkmale einer OSCE. (Quelle: Schmal, 2023: 284; eigene Darstellung)

Merkmal	Beschreibung
Objektivität (objective)	• Durch mehrere StatioOSCEnen Reduktion von Subjektivität • Standardisierte Stationen für alle Prüflinge • Objektive Definition der Messbeobachtungen (Erhöhung der Transparenz) • Nutzung von Checklisten • Einbeziehung von standardisierten Patientinnen und Patienten
Struktur (structured)	• Ablauf strukturiert und geplant • Unterschiedliche Stationen zur Überprüfung unterschiedlicher Kompetenzbereiche
Klinisch (clinical)	• Realitätsnahe Gestaltung der Anforderungen (Praxisalltag) • Orientierung an relevanten Lernzielen und Kompetenzbereichen
Prüfung (examination)	• Formulierung von Beurteilungskriterien • Bewertung der einzelnen Stationen und Gewichtung

der Prüfung ist dadurch gewährleistet, dass definierte Checklisten als Bewertungsinstrument dienen und die Prüfenden sich bei der Bewertung der Studierenden an die Punkte der Checkliste halten müssen (vgl. Sopka et al., 2018: 108). Aufgrund des hohen zeitlichen und personellen Aufwands wird OSCE eher als summative Prüfungsform genutzt (vgl. Dilly, 2022:339). Auch müssen ausreichend Prüfungsräume vorhanden sein. Es muss sichergestellt sein, dass für alle Prüflinge ausreichend Materialien zur Verfügung stehen. Dies bedeutet einen hohen finanziellen Aufwand für die Studiengänge, ebenso wie die Bezahlung der Schauspielpatientinnen und -patienten. Prüferinnen und Prüfer müssen ggf. in Fort- und Weiterbildungen geschult werden, was personelle Konsequenzen im täglichen Betrieb haben kann. Und auch die Schauspielpatientinnen und -patienten müssen gut auf ihre Rollen vorbereitet werden. Es empfiehlt sich die Erstellung eines Prüfungsplans oder „Blueprint". Er stellt sicher, dass in der Prüfung alle Themengebiete und verschiedene Kompetenzen bzw. Fertigkeiten ausreichend abgebildet sind (vgl. Fabry, 2023: 286). Es zeigt sich, dass an eine OSCE hohe Anforderungen bezüglich der Vorbereitung und Qualität gestellt werden. So können Faktoren wie „schlecht standardisierte Patienten, ungeschulte Prüfer, Fragen von schlechter Qualität und unangemessene Bewertungsrubriken die Zuverlässigkeit des OSCE beeinträchtigen" (vgl. Khan et al., 2013a: e1447).

2.5.1 Theoretischer Hintergrund

Zur Entwicklung, Vermittlung und Überprüfbarkeit der klinischen Kompetenzen von Medizinstudierenden stellte Miller 1990 ein Pyramidenmodell vor, bestehend aus vier Ebenen (vgl. Schaumburg et al., 2017: 190). Das Pyramidenmodell von Miller verdeutlicht den Lehrenden das Niveau der Studierenden und die jeweils zu prüfenden Kompetenzen. Dementsprechend sollen auch die Prüfungsmethoden ausgerichtet sein. Wie in Abbildung 2.2 dargestellt, bildet das grundlegende theoretische Wissen („knows") die Basis der Pyramide. Hier geht es um das reine Faktenwissen, welches gut mit kontextfreien Multiple-Choice-Tests, Hausarbeiten oder mündlichen Prüfungen beurteilt werden kann (vgl. Albrecht et al., 2023:57). Die darüber liegende Stufe bezeichnet das Wissen über die praktische Umsetzung („knows how"), also das Faktenwissen anwenden zu können. Die Anwendung des Gelernten („shows how") bezieht sich darauf, die Fertigkeiten zeigen zu können. Dieses Kompetenzlevel ist mit OSCE prüfbar, die Studierenden zeigen, wie sie definierte Fertigkeiten ausführen. Auch simulationsbasierte Prüfungen sind auf diesem Level angesiedelt. An der Spitze der Pyramide steht die Anwendung der Fähigkeiten und Fertigkeiten im Berufsalltag („does"), die im Rahmen sogenannter Mini Clinical Examination geprüft werden (vgl. ebd.).

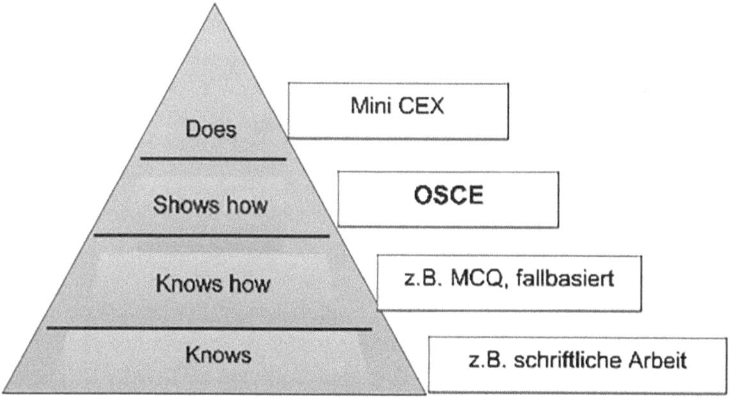

Abbildung 2.2 Lernpyramide nach Miller. (Quelle: Schlegel & Shaha, 2007: 773; eigene Darstellung)

Khan et al. haben 2013 mit ihrer Publikation „The Objective Structured Clinical Examination (OSCE): AMEE Guide No. 81. Part I: An historical and theoretical perspective“ einen Leitfaden zur OSCE erarbeitet, in dem der theoretische Hintergrund erläutert wird und stellen dar, dass OSCE als „Instrument zur Bewertung der Leistung in simulierten Umgebungen“ anzusehen ist und die Bewertung der tatsächlichen Leistung durch Beobachtung am Arbeitsplatz mit dieser Form der Prüfung nicht möglich (vgl. Khan et al., 2013: e1442). Die Kompetenzorientierung an dem Prüfungsformat wird hier kritisch betrachtet, da sich Studierende in einem simulierten Setting möglicherweise anders verhalten als in der reellen Arbeitsumgebung.

Eine Reihe von Forschungen haben sich mit diesem Prüfungsformat beschäftigt und sind verschiedenen Fragen nachgegangen. Die Mehrzahl der Forschungen kommen aus dem Bereich Medizinstudium, aber auch die Pflegewissenschaft und die Gesundheitsfachberufe forschen auf diesem Gebiet. In einer Literaturanalyse zur internationalen Anwendung von OSCE als kompetenzorientiertem Prüfungsinstrument in der pflegerischen Erstausbildung mit 36 eigeschlossenen Artikeln kamen Beyer et al. zu dem Ergebnis, dass mittels OSCE unterschiedliche pflegerische Kompetenzen international geprüft werden können (vgl. Beyer et al., 2016).

Cyril Vincent et al. verglichen in ihrer systematischen Übersichtsarbeit 2022 die Erfahrungen von Pflegestudierenden und Lehrenden in Bezug auf die Vorteile von OSCE gegenüber der traditionellen Klinischen Prüfung (vgl. Cyril Vincent et al., 2022). Die meisten Studierenden bewerteten OSCE als faires, organisiertes und strukturiertes Prüfungsformat. Nur wenige empfanden die Prüfung als einschüchternd und stressig. Die Mehrzahl der Lehrenden schätzten die OSCE trotz des erhöhten Aufwands für die Vorbereitungen und die Prüfung selbst als objektiv, zuverlässig und fair ein und geeignet zur Bewertung der klinischen Fähigkeiten der Studierenden.

Zu einem anderen Ergebnis kamen Johnston et al., die 2017 mittels einer integrativen Übersichtsarbeit der Frage nachgegangen, wie Pflegestudierende in Australien die OSCE wahrnahmen. OSCE wurde auch hier als valides Prüfungsinstrument bewertet, das auf die Praxis vorbereitet und das Vertrauen in die klinischen Fähigkeiten steigert. Jedoch empfanden die Studierenden die OSCE von als stressige und angstbesetzte Prüfung (vgl. Johnston et al., 2017).

Ouldali et al. untersuchten an der Medizinischen Fakultät der Université Paris-Cité in Frankreich die Wirksamkeit eines formativen OSCE-Programms für Medizinstudenten im vorklinischen Abschnitt des Studiums auf die spätere Leistung in summativen OSCEs. In einer randomisierten, kontrollierten, prospektiven Pilotstudie stellten sie eine signifikante Verbesserung der Kommunikationsfähigkeit und der Anamneseerhebung bei den Studierenden fest. Außerdem fühlten sich die Studierenden, die das OSCE-Programm durchlaufen haben, kompetenter und weniger gestresst bezüglich der OSCE (vgl. Ouldali et al., 2021: 2).

Neuwirt et al. kommen zu einem ähnlichen Ergebnis. Die Forscher untersuchten in Österreich in einer Interventionsstudie den Effekt auf die Leistung der Studierenden in der OSCE, wenn sie mittels einer 10-minütigen Einarbeitung auf dieses Prüfungsformat vorbereitet wurden. Es wurde zusätzlich noch innerhalb der Interventionsgruppe zwischen einer aktiven Einarbeitung mittels Simulation und einer passiven Einarbeitung mittels Vorlesung differenziert. Die Studierenden, die aktiv auf die OSCE vorbereitet wurden, erzielten signifikant bessere Leistungen als diejenigen, die passiv oder gar nicht vorbereitet wurden (vgl. Neuwirt et al., 2024: 1). Daraus ist abzuleiten, dass eine aktive Vorbereitung der Studierenden auf dieses Prüfungsformat unerlässlich ist und in den Lehrplan einbezogen werden sollte.

2.5.2 Simulationsbasierte Lehre im Hebammenstudium

Mit der Überführung der Hebammenausbildung an die Hochschule haben sich die Lehrmethoden verändert. In der Hochschule werden in Vorlesungen theoretische Inhalte vermittelt. Die Module, die originäre Hebammentätigkeiten vermitteln, beinhalten neben theoretischer Wissensvermittlung auch simulationsbasierte Unterrichtseinheiten, um die Fertigkeiten zu erlernen. In Settings, die der beruflichen Realität der Studierenden nachempfunden ist, den sogenannten Skills-Labs, werden neben Fertigkeiten der allgemeinen medizinischen Versorgung auch hebammenspezifische Skills an geburtshilflichen Modellen und Neugeborenen-Puppen vermittelt. Zum Teil werden Schauspielpatientinnen eingebunden. So ist es den Studierenden möglich, im Simulations-Kreißsaal beispielsweise die Begleitung physiologischer Geburtsverläufe oder auch die Feststellung von Fehleinstellungen des Kindes in das mütterliche Becken zu üben. Dabei reichen die Lernangebote von einzelnen Handlungsschritten und –abläufen innerhalb des Skills-Trainings über komplexe Handlungsketten in den realitätsnäheren Settings einer Simulation (vgl. Schmal, 2023: 224). Zum besseren Verständnis sind in Tabelle 2.2 Skills und Fertigkeiten, die im Hebammenstudium im Skills-Lab vermittelt werden und dementsprechend in einer OSCE geprüft werden können dargestellt. Das wiederholte Üben der Fertigkeiten im Skills-Lab bringt nicht nur Sicherheit für die Studierenden. Sie lernen die Modelle kennen und setzen sich mit der simulierten Umgebung auseinander.

Tabelle 2.2 Übersicht über hebammenspezifische Fertigkeiten

Schwangerschaft	Leopold-Handgriffe zur (äußeren) Feststellung der Lage und Größe des Kindes; Messung des Leibesumfangs und des Symphysen-Fundus-Abstandes zur Feststellung der zeitgerechten Entwicklung des Kindes; die (äußere) Beckenmessung; die Überprüfung der kindlichen Herztöne mittels Pinard-Hörrohr; das Anlegen eines Kardiotokogramms (CTG) zur Messung der kindlichen Herztöne und der Wehentätigkeit
Geburt	Betreuung während der verschiedenen Phasen der Geburt; Durchführung des Dammschutzes und Entwicklung des Kindes aus verschiedenen Einstellungen und in unterschiedlichen Gebärpositionen
Postpartalphase	Betreuung in der Nachgeburtsphase (Erkennen der Lösungszeichen der Plazenta und Skills zur Geburt der Plazenta); Beurteilung der postpartalen Blutung; Einschätzung der Geburtsverletzungen und Vernähen kleiner Verletzungen
Neugeborenes	Abnabelung; Durchführung der U 1 (erste Untersuchung unmittelbar nach der Geburt); Erhebung der Körpermaße
Wochenbett und Stillen	Unterstützung beim Anlegen und Stillmanagement, Tasten und Beurteilen der Gebärmutterrückbildung; Untersuchung der laktierenden Brust;

2.5.3 OSCE im Hebammenwesen in Deutschland

Bisher wurden in der Hebammenausbildung die praktischen Prüfungen am Ende der Ausbildung im klinischen Setting an lebenden Personen durchgeführt. In der akademischen Ausbildung der Hebammen finden die Prüfungen simulationsbasiert an den Hochschulen statt. Aus diesem Grund beschäftigen sich zunehmend auch Forschende aus dem Hebammenwesen mit dem Prüfungsformat OSCE. Dennoch ist die Studienlage in Deutschland bezüglich OSCE im Hebammenstudium überschaubar, da das Prüfungsformat in der akademischen Ausbildung von Hebammen ein Novum darstellt. In der traditionellen Ausbildung wurde OSCE nicht zur Bewertung von werdenden Hebammen eingesetzt, so dass die neu gegründeten Hebammenstudiengänge noch am Anfang der Anwendung von OSCE stehen.

Schönhardt et al. beschreiben im Abstract ihrer Studie zu OSCE-Prüfungen im Hebammenstudiengang an der Universität in Tübingen ihre Erfahrungen mit dem Bewertungsinstrument. Demnach scheint OSCE ein geeignetes Format zur objektiven Überprüfung praktischer und kommunikativer Fähigkeiten zu sein (vgl.

Schönhardt et al., 2019). Hebammenspezifische Skills wie beispielsweise die Demonstration der Leopold-Handgriffe, das Anlegen eines Kardiotokogramms (CTG) zur Überprüfung der kindlichen Herztöne und der Wehentätigkeit oder auch die Durchführung der subkutanen und intramuskulären Injektion wurden geprüft. Das Feedback sowohl der Studierenden als auch der Prüfenden war positiv.

Klotten und Bauer untersuchten OSCE im Bachelorstudiengang Angewandte Hebammenwissenschaft in Köln. Als Modulabschlussprüfung des Moduls Originäres Hebammenhandeln im zweiten Semester konzipiert, wurden an zwölf Stationen hebammenspezifische Skills wie Leopold-Handgriffe, vaginale Untersuchung, Abnabelung des Neugeborenen und Beurteilung von Geburtsverletzungen geprüft. Aber auch grundlegende Fertigkeiten der medizinischen Allgemeinversorgung wie die Blutentnahme oder das Katheterisieren waren Aufgaben an den Stationen, für die die Studierenden jeweils fünf Minuten Zeit hatten. Die beteiligten Lehrenden evaluierten die Prüfung und konstatierten, dass die Selbst- und die Sozialkompetenz in diesem Setting nicht ausreichend geprüft werden konnten. Isolierte Skills waren gerecht und zuverlässig prüfbar, die Abbildung beruflicher Handlungskompetenz war jedoch aufgrund der Kürze der Zeit an den Stationen nicht in vollem Umfang möglich. Jedoch stellte die OSCE nach Meinung der Forschenden eine Performanzprüfung dar, die Studierenden und Praxispartnern Sicherheit über die erworbenen Skills bietet (vgl. Klotten & Bauer, 2023).

3 Methodik

Das folgende Kapitel beschreibt die methodische Vorgehensweise der Arbeit. Zur Beantwortung der Forschungsfrage wurde eine systematische Literaturrecherche durchgeführt. In den Unterkapiteln wird die Literaturrecherche dargelegt, indem die Herangehensweise der Suche erläutert wird. Es werden die Generierung der Schlüssel- oder Schlagwörter beschrieben, sowie die Ein- und Ausschlusskriterien für die Studienauswahl erläutert. Daran anschließend folgt die ausführliche Beschreibung der Suchstrategie nach geeigneter Literatur sowie die Darstellung anhand des PRISMA Flow Diagramms. Die eingeschlossenen Studien werden tabellarisch dargestellt und nachfolgend werden die Gründe für den Einschluss erläutert.

3.1 Systematische Literaturrecherche

Für die Recherche nach geeigneten Studien zur Beantwortung der Forschungsfrage wurden zunächst geeignete Datenbanken ausgewählt, um sowohl Publikationen aus dem medizinischen Bereich, als auch Forschungen aus angrenzenden Wissenschaften zu finden. Mit den Datenbanken PubMed, Science Direkt, Cinahl und Livivo wurde ein breites Spektrum der Bereiche abgedeckt, in denen relevante Literatur zur Forschungsfrage vermutet wurde. PubMed liefert als Meta-Datenbank relevante Publikationen aus dem Bereich der Biomedizin und greift auf verschiedene Datenbanken, z. B. MEDLINE zu. Die Datenbank Livivo bietet Forschungsdaten unter anderem aus den Bereichen Medizin und Gesundheitswesen und wurde aus diesem Grund für die Recherche ausgewählt. Science Direkt, eine vom Wissenschaftsverlag Elsevier geführte Datenbank, wurde ebenso in die Recherche eingebunden. Der Zugriff auf medizinische und wissenschaftliche Zeitschriften und Bücher erfolgte über die Lizenz der hochschulischen Institution, an

A. Ritter, *OSCE im Hebammenstudium*, BestMasters,
https://doi.org/10.1007/978-3-658-50021-4_3

der die Autorin tätig ist. Ebenso erfolgte die Suche in der Datenbank CINAHL Database, um Veröffentlichungen und Studien in den zahlreichen Zeitschriften der Pflege und verwandter Gesundheitsbereiche zu finden.

Im nächsten Schritt wurden geeignete Schlüsselwörter generiert, um die Suche zu systematisieren und die größtmögliche Anzahl relevanter Veröffentlichungen zu erhalten. Die Generierung der Schlagwörter wird im folgenden Kapitel näher erläutert.

Die Suche nach geeigneten Publikationen in den ausgewählten Datenbanken erstreckte sich von September 2024 bis zum 24.10.2024. Es wurde zudem eine manuelle Suche in den Datenbanken Base und Google Scholar durchgeführt, um die mit der elektronischen Suche nicht erfassten Studien zu identifizieren.

Die identifizierten Publikationen wurden mehrfach gelesen, um die für die Forschungsfrage relevanten Studien heranzuziehen.

3.1.1 Generierung der Schlüsselwörter

Um die größtmögliche Anzahl zur Forschungsfrage passender Literatur zu erhalten, müssen neben der Festlegung konkreter Ein- und Ausschlusskriterien sogenannte Keywords oder Schlagwörter festgelegt werden, mit deren Hilfe die Suche systematisiert wird. In der vorliegenden Arbeit wurden die Schlagwörter aus der Forschungsfrage abgeleitet. Da die OSCE das zentrale Thema der Arbeit ist, wurde dieser Begriff an erster Stelle gewählt, sowohl in der abgekürzten Schreibweise, als auch in ausgeschriebener Form. Durch eine Versuchssuche ergaben sich mit dem alleinigen Suchbegriff OSCE eine Vielzahl von Einträgen, die sich über verschiedene Bereiche der Gesundheitsfachberufe und vor allem des Medizinstudiums erstreckten. Um die Suche der Forschungsfrage anzupassen bzw. einzugrenzen, wurde das Schlagwort „Midwifery students“ in verschiedenen Schreibweisen gewählt. Es sollte eine Abgrenzung zu Studien innerhalb der Gesundheitsfachberufe und des Medizinstudiums erfolgen, um gezielt nach Studien im Bereich Hebammenwesen bzw. Hebammenstudiengänge zu suchen.

Von Interesse und Teil der Forschungsfrage waren (hebammenspezifische) klinische Kompetenzen, welche mittels OSCE überprüft werden. Aus diesem Grund wurde als Schlagwort „Clinical competencies“ gewählt, wobei die Suche in der Datenbank CINAHL noch um die Begriffe „Competency“ und „Skills“ erweitert wurde. Tabelle 3.1 gibt einen Überblick über die Schlagwörter in deutscher und englischer Sprache.

Tabelle 3.1 Suchbegriffe Literaturrecherche

Englisch	Deutsch
OSCE	
Objective structured clinical examination	Objektive strukturierte klinische Prüfung
Midwifery student	Hebammenstudentin oder Hebammenstudent
Midwifery students	Hebammenstudenten
Student Midwives	Studentische Hebammen
Clinical competencies	Klinische Kompetenzen
Competency	Kompetenz
Skills	Fähigkeiten

Um möglichst viele relevante Publikationen zu generieren, wurden die Schlagwörter in unterschiedlicher Weise mit den Boolschen Operatoren AND oder OR verbunden und in deutscher oder englischer Sprache verwendet.

3.1.2 Ein- und Ausschlusskriterien der Literaturrecherche

Um aussagefähige Publikationen zu generieren, die zur angemessenen Beantwortung der Forschungsfrage herangezogen werden können, ist die Festlegung von Ein- und Ausschlusskriterien nötig.

Es erfolgte zunächst eine zeitliche Einschränkung. Bei der ersten Versuchssuche wurde festgestellt, dass vergleichsweise wenig Veröffentlichungen zum Thema OSCE in der Hebammenausbildung vor 2010 gefunden wurden. Daraus resultierend sowie aus Gründen der Aktualität wurden in der vorliegenden Arbeit lediglich Studien berücksichtigt, die zwischen 2010 und 2024 erschienen sind.

Weiterhin wurde sprachlich eingegrenzt und nur Studien einbezogen, die in Englisch oder Deutsch veröffentlicht wurden. Es wurden keine Einschränkungen im Studiendesign vorgenommen, da im ersten Überblick die Anzahl relevanter Untersuchungen überschaubar waren.

Es existieren eine Vielzahl von Veröffentlichungen zum Thema OSCE in den Gesundheitsfachberufen, insbesondere in der Krankenpflege. Diese wurden nicht in die Recherche einbezogen, da die Forschungsfrage sich auf hebammenspezifische Kompetenzen bezieht. Gegenstand dieser Masterarbeit ist die OSCE im Hebammenstudium als Prüfungsmethode, so dass Studien, die OSCE als Lehrmethode untersuchten, ausgeschlossen wurden.

3.2 Suchstrategie

Für einen allgemeinen Überblick über die Datenlage wurde zunächst eine manuelle Suche mit den Suchbegriffen OSCE, Midwifery Students und Clinical Competencies in den Datenbanken Google Scholar und Base durchgeführt. Die mehr als 6.100 Treffer in Google Scholar und 87 Treffer in Base brachten die Erkenntnis, dass OSCE seit ca. 20 Jahren in den Pflegeberufen Gegenstand zahlreicher Forschungen ist. Die Veröffentlichungen zu OSCE im Hebammenwesen waren im ersten Eindruck überschaubar.

Für die systematische Suche wurden dann zunächst in den ausgewählten Datenbanken PubMed, Science Direkt, Livivo und CINAHL die Schlagwörter „OSCE“, „Objective structured clinical examination“, „Midwifery students“ und „clinical competencies“ unter Verwendung der Boolschen Operatoren OR und AND kombiniert. Die Suchstrategie in den einzelnen Datenbanken ist im Anhang in Tabelle 5 im elektronischen Zusatzmaterial mit Angabe der Verknüpfungen der Schlagwörter durch die Boolschen Operatoren, sowie der Eingrenzungen und der jeweiligen Trefferzahl einsehbar.

Die Suche in der Datenbank PubMed mit den dargestellten Schlagwörtern ergab zunächst 63 Treffer, die mit der zeitlichen Eingrenzung und verfügbarem Abstract auf 53 Veröffentlichungen reduziert wurde. Diese wurden einem Abstract-Screening unterzogen, wodurch 44 Studien ausgeschlossen wurden. Gründe hierfür waren:

- Die Untersuchung betraf eine andere Berufsgruppe (in neunzehn Fällen die Krankenpflege, in sechs Fällen die Medizinstudierenden, eine Studie betraf den OP, eine Untersuchung betraf den gesamten Bereich der Gesundheitsfachberufe).
- Die Studie passte nicht zur Forschungsfrage (Kosten einer OSCE, Einschätzungen der OSCE durch Prüfer).
- Die Untersuchungen betrafen die Hebammenstudierenden, passten jedoch nicht zur Forschungsfrage (in fünfzehn Fällen).

Es wurden neun Studien in die Volltextsuche aufgenommen.

In der Datenbank Science Direkt wurde zunächst mit der Schlagwortkombination „OSCE“ OR „Objective structured clinical examination“ AND „Midwifery students“ AND „clinical competencies“ gesucht. Es wurde neben der zeitlichen Einschränkung eine Limitation des Artikeltyps (Research articles und Review articles) und auch der Quellen hinzugefügt, so dass die Suche zunächst auf die Zeitschriften „Midwifery“ und „Women and Birth“ begrenzt wurde. Nach weiterer Limitation auf das Themengebiet Sozialwissenschaften wurden 169 Treffer identifiziert. Nach Sichtung der Titel wurde jedoch keine passende Veröffentlichung gefunden. Aufgrund der Erkenntnis, dass in den ausgewählten Fachzeitschriften keine Veröffentlichung zum Thema OSCE im Hebammenwesen gefunden werden konnte und das Schlagwort „Objektive structured clinical examination“ in keinem der Titel zu lesen war, wurden die Quellen verändert. Es wurde nun in den Zeitschriften „Nurse Education today“ und „Nurse Education in Practice“ gesucht und 471 Studien identifiziert. Um die Suche einzugrenzen wurde die Kombination „OSCE“ AND „Midwifery students“ AND „clinical competencies“ gewählt. Es konnten 16 Studien, die zwischen 2010 und 2024 als Review article oder Research article in den Zeitschriften „Midwifery“ und „Women and Birth“ veröffentlicht wurden, identifiziert werden. Nach Lesen der Abstracts wurde eine Studie in die Volltextsuche einbezogen, da keine weitere Untersuchung zur Fragestellung passte.

Um möglichst alle relevanten Studien zu finden, wurde die Suche unter Verwendung der Schlagwörter und der Kombinationen auf die Zeitschriften „Nurse Education today“ und „Nurse Education in Practice“ ausgedehnt. Es wurden 122 Studien gefunden, die einem Abstractscreening unterzogen wurden. 115 Studien wurden nach Lesen der Abstracts ausgeschlossen, da sie Forschungsfragen in anderen Berufsgruppen untersuchten. 94 Studien untersuchten Forschungsfragen in der Krankenpflege, der Intensivpflege, der Psychiatriepflege oder allgemein im Gesundheits- und Sozialwesen. Diese wurden aus der Volltextsuche ausgeschlossen. Mit Fragestellungen aus dem Bereich Hebammenausbildung befassten sich 28 Studien, von denen 21 nach Lesen der Abstracts ebenfalls ausgeschlossen wurden, da sie für die Beantwortung der Forschungsfrage aufgrund der Inhalte und des Fehlens relevanter Schlagwörter nicht von Bedeutung waren. Somit konnten sieben Studien in die Volltextsuche einbezogen werden.

Die Suche in der Datenbank Livivo ergab nach Verwendung der Schlagwörter „Objective structured clinical examination“ OR „OSCE“ AND „Midwifery students“ 2697 Veröffentlichungen in englischer Sprache, die zwischen 2010 und 2024 erschienen und frei zugänglich waren. Auch hier wurde aufgrund der hohen Trefferzahl die Suchstrategie geändert. Es wurden zunächst mittels der Schlagwörter „OSCE“ AND „Midwifery students“ 32 frei zugängliche Veröffentlichungen identifiziert, deren Abstract gelesen wurde. Sechs Studien konnten nach Ausschluss von Duplikaten innerhalb der Datenbank in die Volltextsuche einbezogen werden, da die Abstracts eine Beantwortung der Forschungsfrage vermuten ließen. Ausgeschlossen wurden elf Studien aus anderen Berufsgruppen (Krankenpflege und Tiermedizin) und fünf Untersuchungen aus dem Bereich Hebammenausbildung, die nicht zur Fragestellung passten.

Um die Suche weiter zu verfeinern und auf die Forschungsfrage zu beziehen, wurden die Suchbegriffe mittels des Boolschen Operators AND um das Schlagwort „Clinical competencies“ erweitert. Es wurden auf diese Weise 18 Studien identifiziert. Nach Lesung der Abstracts konnten keine neuen Studien einbezogen werden, da die gesichteten Publikationen bereits eingeschlossen waren.

CINAHL als Datenbank für Zeitschriften aus den Bereichen Pflege und Gesundheitsberufe bietet bei Eingabe der Schlagwörter weitere Suchbegriffe an, so dass hier die Begriffe „OSCE“ OR „objective structured clinical examination“ zunächst durch den Boolschen Operator AND mit „Midwifery students“ OR „Student midwives“ OR „midwifery student“ verbunden, verwendet wurden. Es wurden 43 in englischer Sprache und in wissenschaftlichen Zeitschriften veröffentlichte Studien gefunden, deren Abstracts gelesen wurden. Nach Ausschluss von internen Duplikaten konnten 10 Studien in die Volltextsuche einbezogen werden. Zwei Veröffentlichungen waren nicht frei zugänglich und wurden aus diesem Grund ausgeschlossen. Ebenso wurden 15 Studien aus dem Bereich Hebammenausbildung ausgeschlossen, die nicht zur Forschungsfrage passten. Fünf Studien untersuchten OSCE im Hebammenstudium, jedoch war die Passung zur Fragestellung nicht gegeben. Sechs Studien aus dem Bereich der Krankenpflege wurden ebenfalls ausgeschlossen.

Um die Suche zu konkretisieren, wurden die genannten Schlagwörter durch den Boolschen Operator AND mit den Suchwörtern „Clinical competence“ OR „skills“ OR „competency“ kombiniert. Nach den bekannten Limitationen wurden 40 Veröffentlichungen identifiziert. Nach Lesung des Titels wurden 10 Studien gefunden, die zur Forschungsfrage passten. Es konnte jedoch aufgrund von Dopplungen keine neue Publikation eingeschlossen werden.

Zur Erleichterung der Darstellung der Datenbanksuche wurde in Abbildung 3.1 das Prisma-Flow-Diagramm erstellt, welches einen Überblick über die Anzahl der gefundenen Studien in den genannten Datenbanken, sowie die Ein- und Ausschlüsse geben soll. Die Anzahl der Treffer im PRISMA Flow Diagramm bezieht sich auf die gefundenen Studien nach Eingabe der zeitlichen und sprachlichen Eingrenzungskriterien.

Von 21 in die Volltextsuche einbezogenen Studien wurden fünf Arbeiten nach der Lesung der Volltexte ausgeschlossen, da der Focus der Forschungen auf der Erfahrung der Studierenden mit der Prüfung lag. Eine Studie beschäftigte sich mit OSCE als Lehrmethode und passte somit nicht zur Forschungsfrage der vorliegenden Arbeit. In einem Fall waren die Bewertungsinstrumente der OSCE Gegenstand der Forschung und somit nicht passgenau. Zwei Studien untersuchten verschiedene Konzeptionen von OSCE und wurden aus diesem Grund ausgeschlossen. Die Selbstwirksamkeit der Studierenden durch die OSCE

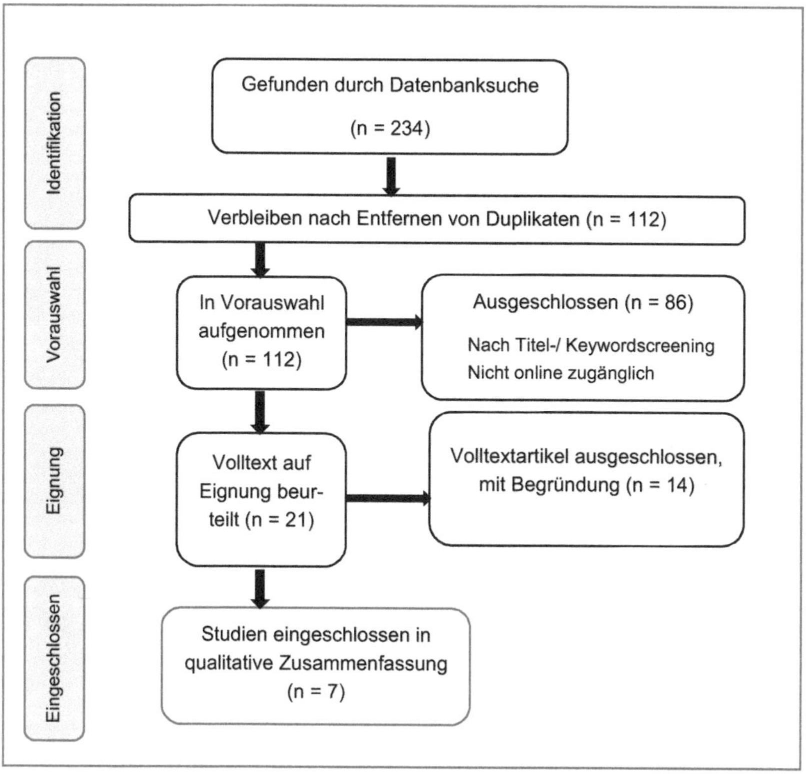

Abbildung 3.1 Flussdiagramm zur Beschreibung der systematischen Literaturrecherche. (Eigene Darstellung; Quelle: Ziegler et al., 2011: e11)

in der simulationsbasierten Lehre war Gegenstand einer weiteren Studie, die ausgeschlossen wurde. In zwei weiteren Untersuchungen wurden nicht hebammenspezifische Kompetenzen geprüft, was zum Ausschluss führte. Ebenfalls ausgeschlossen wurde eine Studie, die untersuchte, inwieweit eine Vorbereitung der Studierenden auf die OSCE Auswirkungen auf die Leistungen und das Erleben der Studierenden hat. Eine qualitativ fragwürdige Studie verglich die Leistungen von Hebammenstudierenden in einer OSCE mit Studierenden, die auf herkömmliche Art geprüft wurden. Auch diese wurde ausgeschlossen.

3.3 Eingeschlossene Studien

Tabelle 3.2 gibt einen Überblick über die eingeschlossenen Studien, die in dieser Arbeit untersucht wurden:

Tabelle 3.2 Übersicht der eingeschlossenen Studien

	Titel	Autoren / Jahr
1	Examining validity and reliability of objective structured clinical examination for evaluation of clinical skills of midwifery undergraduate students: a descriptive study	Kolivand et al., 2020
2	Assessment of the Midwifery Students' Clinical Competency Before Internship Program in the Field Based on the Objective Structured Clinical Examination	Malakooti et al., 2018
3	The Evaluation of Functional Quality in Bachelor Midwifery Students based on Objective Structured Clinical Examination (OSCE) in Islamic Azad University-Mashhad Branch	Esnaashari et al., 2019
4	Evaluation of midwifery students' competency in providing intrauterine device services using objective structured clinical examination	Erfanian, F. & Khadivzadeh, T., 2011
5	Implementation of Objective Structured Clinical Examination in Midwifery Education	Changuiti et al., 2021
6	How well does pre-service education prepare midwives for practice: competence assessment of midwifery students at the point of graduation in Ethiopia	Yigzaw et al., 2015
7	The Objective Structured Clinical Examination (OSCE) as a strategy for assessing clinical competence in midwifery education in Ireland: A critical review	Smith et al., 2012

In sechs Fällen (Studien 1 bis 6) wurden Primärdaten mittels deskriptiver Querschnittstudien erhoben, Smith et al. (2012) analysierte Sekundärdaten in einem Review. Die Untersuchungen von Kolivand et al. (2020), Malakooti et al.

(2018), Esnaashari et al. (2019) und Erfanian und Khadivzadeh (2011) wurden im Iran durchgeführt. Changuiti et al. (2021) haben die Implementierung einer OSCE in die Hebammenausbildung in Marokko untersucht. Die Studie von Yigzaw et al. (2015) lieferte Daten aus Äthiopien und das Review von Smith et al. hat die OSCE in der Hebammenausbildung in Irland betrachtet. Die Studien wurden zwischen 2011 und 2021 veröffentlicht. Die Teilnehmerzahl der Querschnittstudien lag zwischen 27 Studierenden (Malakooti et al., 2018) und 484 Absolventen (Yigzaw et al., 2015).

Forschungsgegenstand aller Studien war die OSCE im Kontext der Hebammenausbildung. Kolivand et al. (2020) untersuchten die Gültigkeit und Zuverlässigkeit von OSCE zur Beurteilung klinischer Fähigkeiten von Hebammenstudierenden. Malakootie et al. (2018), Esnaashari et al. (2019) und Erfanian und Khadivzadeh (2011) erforschten, inwieweit explizit hebammenspezifische Fähigkeiten und Kompetenzen mittels OSCE zu unterschiedlichen Zeitpunkten der Ausbildung ermittelt wurden. Dazu gehörten beispielsweise die Leopold-Handgriffe zur Bestimmung der Lage und Position des Kindes in der Gebärmutter, die Messung des Höhenstandes der Gebärmutter, die Interpretation eines fetalen EKG bzw. Kardiotokogramms (CTG), die Untersuchung der weiblichen Brust, die Reanimation eines Neugeborenen, das Durchführen eines Dammschutzes sowie eines Dammschnittes und andere. Erfanian und Khadivzadeh (2011) untersuchten die Überprüfung der Leistung der Studierenden konkret an der Durchführung von Fähigkeiten, die die Beratung, das Legen und die Kontrolle eines Intrauterinpessars zur Verhütung betrafen. Smith et al. (2012) veröffentlichten mit ihrem Review eine kritische Betrachtung des Prüfungsformates OSCE zur Beurteilung der Kompetenz von Hebammenstudierenden in den Bereichen Stillen und Säuglingsernährung.

3.4 Qualitätsbewertung der eingeschlossenen Studien

Die eingeschlossenen Studien wurden im Hinblick auf ihre Qualität beurteilt. Hierzu wurden mit Bezug auf Döring (2015) folgende Qualitätskriterien für quantitative empirische Studien herangezogen:

1. Der Grad der inhaltlichen Relevanz des Forschungsproblems.
2. Der Grad der methodischen Strenge des Forschungsprozesses (Theorie und Forschungsstand, Untersuchungsdesign, Operationalisierung, Stichprobenziehung, Datenerhebung, Datenaufbereitung, Datenanalyse und Interpretation).

3. Der Grad der ethischen Strenge des Forschungsprozesses.
4. Der Grad der Dokumentations- und Präsentationsqualität (vgl. Döring, 2015: 11 f.).

Eine hervorragende wissenschaftliche Studie bezieht sich auf ein Forschungsproblem von hoher inhaltlicher Relevanz und begründet diese. In Bezug auf die methodische Strenge des Forschungsprozesses zeichnet sich eine qualitative Studie durch ein methodisch strenges Vorgehen aus. Hierzu gehört die detaillierte Recherche und Beschreibung des aktuellen Theorie- und Forschungsstandes und ein zur Forschungsfrage passendes Untersuchungsdesign. Zur Operationalisierung müssen entsprechende Messinstrumente gewählt werden, um die Studie als wissenschaftlich hochwertig zu bewerten. Die Art der Stichprobenziehung ist ein weiteres Kriterium, das zur Beurteilung der methodischen Strenge hinzugezogen wird. Nach Döring muss die Stichprobe ein möglichst unverzerrtes Abbild der Population darstellen. Um Messfehler zu vermeiden soll die Datenerhebung standardisiert durch geschultes Testpersonal erfolgen. Die Datenaufbereitung muss detailliert dokumentiert und begründet werden. Zur Datenanalyse müssen passende statistische Verfahren genutzt werden, die eine Prüfung der Forschungshypothese zulassen und auf die Datenlage anwendbar sind. Die Bewertung der ethischen Strenge umfasst alle ethischen Aspekte der Studie, z. B. der Umgang mit Teilnehmern und der Verwendung der Studie in verschiedenen Plattformen. Um als qualitativ hochwertig eingestuft zu werden, muss eine Forschungsarbeit nachvollziehbar und zielgruppengerecht dokumentiert werden.

Die Qualitätsbewertung der eingeschlossenen Studien ist im Anhang in Tabelle 6 im elektronischen Zusatzmaterial einsehbar. Die Qualitätskriterien von Döring (2015) zugrunde gelegt, kann die Qualität der eingeschlossenen Studien als hoch bewertet werden. Konkrete Darlegungen zur Einschätzung der Qualität der einzelnen Studien werden in Abschnitt 5.2 beschrieben.

Ergebnisse

4

Im folgenden Kapitel werden die Ergebnisse der Recherche dargestellt. Hierzu werden die einbezogenen Studien kurz vorgestellt, in dem der jeweilige Forschungsschwerpunkt und das Ziel erläutert werden. Zur besseren Übersicht wurden in Tabelle 7 im Anhang im elektronischen Zusatzmaterial die Charakteristika der eingeschlossenen Studien dargestellt. Ebenso wurden die in den OSCEs geprüften Kompetenzen in Tabelle 8 im Anhang im elektronischen Zusatzmaterial dargestellt.

Die eingeschlossenen Studien untersuchten zum Teil weitere Aspekte der OSCE, die nicht Gegenstand der vorliegenden Thesis waren. Daher werden nur für diese Arbeit relevante Ergebnisse vorgestellt. Die Ergebnisse der Forschungsarbeiten werden beschrieben und die Studien werden hinsichtlich ihrer Qualität betrachtet. Weiter werden die Ergebnisse vor dem Hintergrund der Forschungsfrage dieser Arbeit zusammengefasst. Gemeinsamkeiten, Widersprüche und Besonderheiten der Studien werden beschrieben und verglichen.

4.1 Darstellung der eingeschlossenen Studien

Kolivand et al. (2020) untersuchten in ihrer Studie die Validität und Zuverlässigkeit der OSCE zur Bewertung bestimmter klinischer Fähigkeiten von Hebammenstudierenden. Geprüft wurden unter anderem neben allgemeinen Skills wie die Blutdruckmessung, das Legen eines Venenzuganges und die Blutentnahme auch

Ergänzende Information Die elektronische Version dieses Kapitels enthält Zusatzmaterial, auf das über folgenden Link zugegriffen werden kann https://doi.org/10.1007/978-3-658-50021-4_4.

A. Ritter, *OSCE im Hebammenstudium*, BestMasters,
https://doi.org/10.1007/978-3-658-50021-4_4

hebammenspezifische Fähigkeiten wie die Durchführung einer Geburt, die bimanuelle vaginale Untersuchung und die Durchführung eines Dammschnittes. Es handelte sich um eine deskriptive Korrelationsstudie, an der 32 Hebammenstudierende vor Beginn ihres Praktikums im Jahr 2018 teilnahmen. Im Ergebnis wurden die Validität und die Reliabilität dieser OSCE bestätigt. Die Augenscheinvalidität der verwendeten Checklisten wurde als angemessen erachtet und von klinisch erfahrenen Ausbildern bestätigt. Der Inhalt der OSCE wurde durch Fakultätsmitglieder der Hebammenabteilung eingesehen, die Rückmeldung von vier Experten führte zur endgültigen Version der OSCE, womit die Inhaltsvalidität gegeben war.

Es konnte eine positive und signifikante Korrelation zwischen den Durchschnittsnoten der Studierenden in den klinischen Kursen „Physiologische Schwangerschaft I" (0,319, $p = 0,075$), „Physiologische und pathologische Entbindung I" (0,399, $p = 0,024$) und „Gynäkologie" (0,419, $p = 0,017$) und der Gesamtpunktzahl der OSCE ermittelt werden, jedoch keine signifikante Korrelation zwischen den OSCE-Ergebnissen und den Durchschnittsergebnissen der theoretischen Kurse (0,23, $p = 0,200$). Die Prüfung der internen Konsistenz wurde durch die Berechnung der Korrelation zwischen der Gesamtpunktzahl der OSCE und der Durchschnittspunktzahl der Studierenden an jeder Station gewährleistet. Die Berechnung ergab eine signifikante Korrelation an der Mehrzahl der Stationen (Stationen 1, 2, 5, 6, 7), womit die interne Konsistenz bestätigt wurde und was als Hinweis auf die Homogenität dieser OSCE zu werten ist. An den Stationen 3 (Kommunikation und Anamneseerhebung) und Station 4 (Geburt) waren die Korrelationen nicht signifikant.

Die Müdigkeit der Prüfer, das Empfinden der Studierenden, aufgrund schlechter Leistungen einen negativen Eindruck zu machen und die kleine Stichprobe wurden als Limitationen dieser Studie gewertet. Die Forscher kamen zu dem Schluss, dass OSCE eine effektive und effiziente Prüfungsmethode klinischer Kompetenzen und praktischer Skills sein kann, jedoch nicht alle Aspekte abdeckt und von Faktoren wie guter Planung und erfahrenen Prüfern abhängt.

Die Qualität der Studie kann als hoch bewertet werden, da die angelegten Kriterien zur Qualitätsprüfung weitgehend erfüllt wurden.

Die Studie von **Esnaashari et al. (2019)** erforschte die Qualität der Leistungen von Hebammenstudierenden mittels OSCE an der Azad-Universität von Mashhad im Iran. 2016 wurden 75 Hebammenstudierende in diese Querschnittstudie eingeschlossen und vor ihrer Abschlussprüfung in verschiedenen Bereichen der Schwangerschaft, Geburt, Gesundheit von Mutter und Kind und gynäkologische Erkrankungen mittels OSCE geprüft. Die Checklisten wurden zur Erhöhung der Validität von einem Expertengremium analysiert, die Validität der OSCE wurde von den Professoren und Experten des Gremiums bestätigt. Mittels Split-Half-Methode wurde der Korrelationskoeffizient zwischen den Ergebnissen von gepaarten und einzelnen Stationen berechnet, um die Reliabilität der OSCE zu bestätigen. Den Hebammenstudierenden wurde in einem Briefing am Vortag der OSCE der Ablauf erklärt und sie konnten sich online mit den Prüfungsbedingungen vertraut machen. Für die Bewertung wurde die Liekert-Skala, die in den Stufen schwach, mäßig und gut kategorisiert wurde, verwendet. An zwölf Stationen wurden in jeweils fünf Minuten hebammenspezifische Fähigkeiten wie beispielsweise die Leopold-Handgriffe, die Behandlung einer Patientin mit Präeklampsie, das Management einer postpartalen Blutung, die Untersuchung der weiblichen Brust, die Interpretation eines CTG und die Neugeborenen-Reanimation geprüft. Die Leistungen der Hebammenstudierenden lagen in einem guten und moderaten Niveau in allen Bereichen, außer bei der Auswertung des fetalen Zustandes, beim Pap-Abstrich, bei der Behandlung der Präeklampsie und bei der Impfung. Die Untersuchung der Brust, die Beurteilung des Säuglingswachstums, pränatale Tests und das Einsetzen und Entfernen eines Intrauterinpessars wurden in allen drei Kategorien (Diagnose, Entscheidungsfindung, Therapeutische Interventionen) mit gut bewertet. In der Neugeborenen-Reanimation und der Behandlung einer Präeklampsie wiesen die Studierenden jedoch deutliche Schwächen auf in der Phase der Entscheidungsfindung.

Die Stärken dieser Forschungsarbeit waren die hohe Stichprobengröße, die qualitative Bewertung der Fragen und Szenarien durch ein Expertengremium und die Vielfalt der Stationen, die alle Bereiche der Hebammentätigkeit abdeckten. Die Erhebung der Leistungen in drei Bereichen (Diagnose, Entscheidungsfindung und therapeutische Interventionen) mit qualitativen Methoden kann ebenfalls als Stärke der Studie gesehen werden. Möglicherweise hatten die Prüfungsbedingungen Auswirkungen auf die Leistungen der Studierenden, ebenso wie der Stress, den die Prüfung verursachte. Die angelegten Qualitätskriterien wurden erfüllt, so dass dieser Arbeit eine hohe Qualität zugesprochen werden kann.

Malakooti et al. (2018) erforschten die Leistung von Hebammenstudierenden hinsichtlich definierter praktischer Fähigkeiten vor Beginn des Praktikums mithilfe einer OSCE in einer Querschnittstudie mit einem einstufigen, multivariaten prospektiven Design. 27 Hebammenstudierende im sechsten Semester wurden an acht Stationen in den Bereichen Beckenuntersuchung, Blasenkatheterisierung, Leopold'sche Handgriffe, CTG-Interpretation, körperliche Untersuchung, fetale Reanimation und Brustuntersuchung geprüft. Die Reliabilität wurde mit einem Cronbach-Alpha-Koeffizient von 0,97 bestätigt. Die von den Studierenden erreichten Durchschnittspunktzahlen an den Stationen ergaben Werte zwischen 21,3 % und 66,9 % der maximal zu erreichenden Punktzahl. An den Stationen

Beckenuntersuchung (39,97 %), körperliche Untersuchung (21,3 %), Leopold-Handgriffe (42,7 %), fetale Reanimation (48,81 %) und theoretisches Wissen (23,49 %) erreichten die Studierenden weniger als 50 % der Gesamtpunktzahl. Die Autoren legten einen Wert von über 50 % als akzeptabel fest, welcher nur bei der Untersuchung der Brust (56,36 %) und der Blasenkatheterisierung (66,92 %) erreicht wurde. Aus den Ergebnissen wurde der Schluss gezogen, dass die Hebammenstudierenden über wesentliche Fertigkeiten, die Hebammen beherrschen sollen, nicht adäquat verfügen. Diese Studie kann als qualitativ hochwertig eingestuft werden, da die Standards der Wissenschaftlichkeit zufriedenstellend erfüllt wurden.

In ihrer Forschungsarbeit beschäftigten sich **Yigzaw et al. (2015)** mit der Qualität der Hebammenausbildung in Äthiopien. Dazu wurden die Kompetenzen von Hebammenstudierenden anhand der wesentlichen ICM-Kompetenzen für die grundlegende Hebammenpraxis und den Anforderungen des äthiopischen Gesundheitswesens bewertet. Die Studie bestand aus zwei Teilen: ein Interview aller Teilnehmer zur Lernumgebung und die Kompetenzmessung anhand einer zehn Stationen umfassenden OSCE. Da in der vorliegenden Thesis vorrangig die OSCE als Kompetenzmessungsverfahren beleuchtet wird, werden nur die Ergebnisse dieses Teils der Studie von Yigzaw et al. dargestellt.

484 Absolventen von Hebammenstudiengängen wurden in die Studie eingeschlossen. Zur Messung des Kompetenzniveaus wurde der Prozentsatz der Schritte ermittelt, die die Studierenden an jeder Station zufriedenstellend absolvierten. Die durchschnittliche Gesamtpunktzahl aller OSCE-Stationen lag bei 51,8 %. Die aktive Betreuung in der Geburtsphase (69,4 %), die Beratung und Entscheidungsfindung zur Familienplanung (67,1 %), die Unterstützung der physiologischen Geburt (66,1 %) und die Beratung im Wochenbett (63,4 %) wurden von den Studierenden gut bewältigt. An der Station Manuelle Vakuumaspiration (instrumenteller Schwangerschaftsabbruch mittele Absaugmethode) wurden nur 32,2 % erreicht, ähnlich ungenügend waren die Leistungen bei der Geburt durch Vakuumextraktion (36,5 %). Im Mittelfeld lagen die Leistungen bei der Neugeborenenreanimation (52 %), der Anamneseerhebung (45,3 %), der Interpretation des Partogramms zur Dokumentation des Geburtsverlaufes (44,5 %) und der Behandlung von Kinderkranheiten (41,4 %). Den nationalen Bestehensstandard von 60 % oder besser erreichten in der Gesamtleistung lediglich 31,6 % der Studierenden.

Yigzaw et al. untersuchten und verglichen in ihrer Forschung die Leistungen der Studierenden außerdem nach Geschlecht und nach Ausbildungsprogramm (Universität oder TVET- Technical and Vocational Education and Training). Männliche Studierende erzielten demnach in den Bereichen Familienplanung,

Schwangerschaftsvorsorge, Partogramminterpretation, Vakuumextraktion, manuelle Vakuumaspiration und Behandlung von Kinderkrankheiten deutlich bessere Leistungen. An fünf Stationen (Vakuumextraktion, manuelle Vakuumaspiration, Partogramminterpretation, Familienplanung und Behandlung von Kinderkrankheiten) waren die Leistungen der Universitätsstudierenden deutlich besser, wogegen die Aufgaben zur Unterstützung der physiologischen Geburt, die aktive Betreuung in der Geburtsphase und die Neugeborenenreanimation von den Studierenden der berufsbildenden Schulen besser bewältigt wurden.

Diese Studie erfüllt die angelegten Qualitätskriterien in hohem Maße. Eine hohe inhaltliche Relevanz, der große Stichprobenumfang, ein passendes Untersuchungsdesign mit umfassender Datenerhebung und -analyse, eine ausführliche Interpretation und die gründliche Dokumentation der Ergebnisse trugen zu dieser Bewertung bei.

Erfanian und Khadivzadeh (2011) untersuchten in ihrer Forschung die Kompetenzen von Hebammenschülerinnen in Bezug auf Wissen, Beratung und Untersuchung zum Thema Intrauterinpessar (IUP). Im Iran gehören die Beratung, das Einsetzen oder Entfernen von IUP und dementsprechend auch das fundierte Wissen über diese Form der Verhütung zu grundlegenden Kompetenzen von Hebammen. Aus diesem Grund wurden 62 Hebammenstudierende mithilfe einer 10 Stationen umfassenden OSCE geprüft. Die Studierenden erreichten an neun von zehn Stationen weniger als 50 % der Gesamtpunktzahl der jeweiligen Station. Im Bereich Wissen zum IUP und bezüglich der Infektionsprophylaxe wurden 39 % bzw. 49 % der jeweiligen Gesamtpunktzahl von den Stationen erreicht. Hinsichtlich der technischen Skills erreichten die Studierenden zwischen 10 % und 40 %, wobei die Station „IUP-Entfernung" mit 40 % am besten bewältigt wurde. Hier berieten jedoch nur 4 % der Studierenden über alternative Verhütungsmethoden. Ungenügend waren die Leistungen hinsichtlich der Handhabung des IUP mit nur 10 % der Gesamtpunktzahl. Nur 2 % der Studierenden überprüften das Verfallsdatum der Spirale und weniger als 9 % den Zustand der Verpackung des IUP. Die Leistungen hinsichtlich der gynäkologischen Untersuchung wurden als ungenügend beschrieben. Insgesamt wurden nur 37 % der Gesamtpunktzahl erreicht, wobei mehr als 70 % schlechte Leistungen zeigten. 67,9 % der Studierenden überprüften wichtige Voraussetzungen vor der Untersuchung nicht (leere Harnblase, sauberer Genitalbereich), die äußeren Genitalien der Klientinnen wurden in mehr als 95 % der Fälle nicht zufriedenstellend beurteilt. Außerdem überprüften lediglich 5 % der Studierenden den Zustand der Gebärmutter der Klientinnen und 60 % wiesen Defizite bei der Entfernung des Spekulums auf. Nur 37,5 % der Gesamtpunktzahl erreichten die Studierenden beim Einsetzen der Spirale.

Hier erreichten die Studierenden keine zufriedenstellenden Leistungen hinsichtlich hygienischer Aspekte und erforderlicher Skills zum Einsetzen des Pessars. Ebenso wurde auf das Befinden und Fragen der Klientin in nur 9 % hinreichend eingegangen. Ungenügend waren auch die Leistungen an der Station „Behandlung von Nebenwirkungen“ mit 24,4 % der Gesamtpunktzahl. Hier erbrachten 64,3 % schlechte Leistungen. Hinsichtlich der Beratung unmittelbar nach Einsetzen der Spirale wurden 49 % der Gesamtpunktzahl erreicht, annähernd 95 % der Studierenden beriet die Klientinnen nicht ausreichend zu Nachsorgeuntersuchungen. Die Forschenden bewerten die OSCE als geeignete Methode zur Kompetenzmessung in Bezug auf IUP-Dienste.

Trotz der limitierten Stichprobe (n = 62) kann diese Studie als qualitativ hoch bewertet werden, da sie von großer inhaltlicher Relevanz ist. Die Datenerhebung erfolgte durch geschultes Fachpersonal, es wurden Statistiken für alle Variablen erstellt und eine computergestützte Datenanalyse durchgeführt. Abstriche sind in Bezug auf die Präsentationsqualität zu machen.

Changuiti et al. (2021) beschäftigten sich in ihrer Untersuchung mit der Implementierung einer objektiven strukturierten klinischen Prüfung in der universitären Hebammenausbildung in Marokko. Als Teil eines Forschungsprojektes zur Simulationspädagogik für Krankenpflegeausbildung wurden 73 Studierende der Hebammenwissenschaft aus unterschiedlichen Semestern an zwei von sieben bzw. acht OSCE-Stationen geprüft. Ziel der Studie war, spezifische Kompetenzen der Studierenden zu messen und ihre Wahrnehmung der OSCE als Bewertungsinstrument zu evaluieren. Pro Station wurden ein ungewichtetes Raster mit vier Items (erledigt, nicht erledigt, nicht korrekt erledigt und nicht zur richtigen Zeit erledigt) und ein gewichtetes Raster mit der Gesamtpunktzahl und der erreichten Punktzahl zur Bewertung der Studierenden genutzt. 55 % der Studierenden des ersten Ausbildungsjahres erreichten an der ersten Station, die eine Anamneseerhebung beinhaltete, die erforderliche Punktzahl. Die zweite Station, die Feststellung des Höhenstandes der Gebärmutter, bestanden 62 %. Studierende des zweiten Studienjahres wurden in der Blutentnahme und der Untersuchung (Katheterisierung) der Harnblase geprüft, wobei eine Erfolgsquote von 92 % an der ersten und 67 % an der zweiten Station erreicht wurde. Die Interpretation eines klinischen Falls wurde von den Studierenden des drittens Studienjahres in 76 % mit Erfolg absolviert. 100 % Erfolgsquote erreichten die Studierenden im dritten Jahr an der Station Neugeborenenreanimation. Die Forschenden kamen aufgrund der Ergebnisse zu dem Schluss, das OSCE hilfreich ist, Stärken und Schwächen der Studierenden der Hebammenwissenschaft zu identifizieren und so den weiteren Lernerfolg steigern kann. Diese Studie weist ebenfalls eine hohe Qualität auf, da auch hier die inhaltliche Relevanz gegeben ist. Theorie und Forschungsstand wurden erläutert, wenn auch in kleinerem Umfang. Das Untersuchungsdesign entspricht dem Forschungsgegenstand, Operationalisierung und Datenerhebung erfolgten streng. Ethische Aspekte wurden berücksichtigt, die Arbeit wurde nachvollziehbar dokumentiert.

Die OSCE als Methode zur Beurteilung klinischer Kompetenz in der Hebammenausbildung in Irland war Gegenstand eines Reviews von **Smith et al. (2012)**. Konkret wurde die OSCE zur Überprüfung der Kompetenz von Hebammenstudierenden in den Bereichen Stillen und Säuglingsernährung beschrieben. Die Autorinnen legten die Kompetenzbeschreibung des irischen Pflegeverbandes (An Bord Altranais) zugrunde. Mittels einer zwei Stationen umfassenden modifizierten OSCE wiesen die Studierenden ihre Kompetenz in Bezug auf Stillen und Ernährung des Säuglings nach. Mit standardisierten Bewertungskriterien wurden Konsistenz und Objektivität gewährleistet. Den Studierenden wurden zwei Szenarien, eine physiologische Stillsituation und ein anspruchsvolleres Szenario (Brustdrüsenschwellung oder Mastitis) geboten, bei denen die Rolle der standardisierten Patientin von Fachpersonal übernommen wurde. Für jede Station stehen den Studierenden 10 Minuten Zeit zur Verfügung. Smith et al. beschrieben die Vorteile von OSCE, unter Anbringung weiterer Forschungen zum Thema.

Vorteile der modifizierten OSCE sind nach Smith et al. die Durchführbarkeit der Prüfung in einem außerklinischen Setting und damit losgelöst von Abläufen in der Klinik. Die Sicherheit von Frauen und ihren Neugeborenen ist gegeben, das potenzielle Risiko von Schädigungen und die Möglichkeit, dass Studierende falsche oder ungenaue Informationen an die Patientinnen geben ist minimiert. OSCE ist nach Meinung der Autorinnen ein geeignetes Format zur Beurteilung der kommunikativen Kompetenz, im Gegensatz zu schriftlichen Prüfungen. Aufgrund größer werdender Kohorten in den Studiengängen konstatierten Smith et al., dass mittels OSCE größere Gruppen von Studierenden geprüft werden können. Die modifizierte OSCE mit konkreten Fallbeispielen ermöglicht eine umfassendere Beurteilung der multidimensionalen Komponenten der Kompetenz, da hier nicht nur klinische Fertigkeiten erworben und geprüft werden. Mit Bezug auf Millers Kompetenzpyramide stellten die Forscher fest, dass OSCE auf der Ebene „zeigt wie“ angesiedelt ist und über schriftlichen Aufgaben liegt. Einzig die klinisch/praxisbasierte Bewertung im klinischen Setting liegt über der OSCE. Im Weiteren wurden Studien zur Validität und Reliabilität der OSCE angeführt und die Forscherinnen kamen zu dem Schluss, dass strenge Planung und Prüfung der OSCE vor ihrem Einsatz unabdingbar sind, um maximale Zuverlässigkeit und Gültigkeit zu gewährleisten. Es wurde eine Studie zitiert, die eine 5-minütige mit einer 10-minütigen OSCE vergleicht, wobei die längere Prüfung eine höhere Prüferkonsistenz zeigte, was für den Einsatz der modifizierten längeren OSCE sprach. Vier Studien wurden bezüglich unterschiedlicher Aussagen zur aktuellen und zur prädiktiven Validität angeführt, eine Studie bescheinigte einer gut konzipierten OSCE eine hohe Augenschein- und Inhaltsvalidität. Smith et al. kamen zu dem Schluss, dass OSCE in Verbindung mit anderen Beurteilungsformen die Beurteilung der klinischen Kompetenzen verbessert.

Da es sich um ein Review handelt, sind die Qualitätskriterien für quantitative empirische Studien nicht anwendbar. Ebenso kann dieser Artikel nicht mittels eines Qualitätsbewertungstools für systematische Reviews oder Metaanalysen bewertet werden, da er die Kriterien hierfür nicht erfüllt. Dennoch kann der Arbeit eine hohe Qualität zugesprochen werden, da sie von hoher inhaltlicher Relevanz ist. Die Autorinnen erläutern den Forschungsstand und das zugrundeliegende theoretische Konstrukt. Kritisch ist zu bemerken, dass die Ergebnisse der eigenen Erfahrungen und Forschungen der Autorinnen mit OSCE nicht hinreichend beschrieben werden, was jedoch die Aussagekraft des Artikels nicht beeinträchtigt. Ziel der Arbeit war einen kritischen Überblick über OSCE als Bewertungsformat für Hebammenstudierende in Bezug auf Kompetenzen in den Bereichen Stillen und Säuglingsernährung.

4.2 Vergleichende Betrachtung der Ergebnisse

Zur Beantwortung der Forschungsfrage „Ist OSCE ein geeignetes Prüfungsformat im Hebammenstudium hinsichtlich hebammenspezifischer Kompetenzen?“ wurden sechs quantitative Studien und ein Review herangezogen. Wie der in Tabelle 6 im Anhang, welcher im elektronischen Zusatzmaterial einsehbar ist, dargestellten Übersicht zu entnehmen ist, wurden in der Mehrzahl hebammenspezifische Kompetenzen geprüft, die einen Mindeststandard dessen darstellten, was Hebammen können sollten.

Vier Forschungen bezogen sich explizit auf die Messung definierter Kompetenzen (Yigzaw et al., Esnaashari et al., Erfanian und Khadivzadeh, Malakooti et al.), um mit den Ergebnissen Rückschlüsse auf die Methode OSCE zur Kompetenzerfassung zu ziehen. Changuiti et al. untersuchten in ihrer Arbeit die Implementierung einer OSCE zur Leistungsbewertung der werdenden Hebammen in Marokko ebenfalls anhand spezifischer Hebammenkompetenzen. Und auch Kolivand et al. bezogen sich bei ihrer Untersuchung der Validität und Reliabilität auf hebammenspezifische Fertigkeiten. In ihrem Review untersuchten Smith et al. die OSCE als Bewertungsinstrument insbesondere hinsichtlich der Kenntnisse und Fertigkeiten der Studierenden in Bezug auf das Stillen und

Säuglingsernährung, was ebenfalls zu den hebammenspezifischen Kompetenzen gehört.

In ihrer Konzeption hinsichtlich Anzahl der Stationen und Zeit pro Station unterschieden sich die in den Studien beschriebenen OSCEs nur leicht. Die Anzahl der Stationen bewegte sich zwischen acht und zwölf. Die Zeit für die einzelnen Stationen betrug in drei Arbeiten fünf Minuten, in einer Studie sieben Minuten und in zwei Studien hatten die Teilnehmer zehn Minuten Zeit pro Station. In einer Studie variierte die Zeit pro Station zwischen fünf und zehn Minuten.

Die Leistungen der Studierenden wurde in allen OSCEs mit Checklisten von beobachtenden Fachprüfenden bewertet und es wurden in allen OSCEs sowohl Simulationsmodelle genutzt, als auch Schauspielpatientinnen eingebunden.

Hinsichtlich der gezeigten Leistungen wiesen die Studierenden leichte Unterschiede auf. In zwei Studien erreichten die meisten Studierenden mittelmäßige bis gute Leistungen. In drei Studien waren die Leistungen schlecht, die meisten Studierenden erreichten weniger als 50 % bzw. 60 % der Gesamtpunktzahl. Gründe hierfür können beispielsweise die individuellen Fähigkeiten der Lehrenden in Theorie und Praxis sein, die Lehrmethoden, die Lernstrategien der Studierenden, die Ausstattung und die Ressourcen der Universitäten. Aus Gründen der Eingrenzung der Forschungsfrage werden diese Aspekte in der vorliegenden Arbeit nicht beleuchtet.

Alle eingeschlossenen Studien zeigten, dass OSCE ein geeignetes Instrument zur Bewertung der klinischen Fähigkeiten von Hebammenstudierenden ist. Erfahrene Prüfer, adäquates Equipment, zeitliche und personelle Ressourcen, gute Planung und geeignete Messinstrumente beeinflussen jedoch die Aussagekraft und die Wirksamkeit der Prüfung.

Diskussion 5

Im folgenden Kapitel werden die Ergebnisse interpretiert und in den theoretischen Hintergrund eingeordnet. Schlussfolgerungen werden begründet und die (methodische) Qualität der eingeschlossenen Studien wird diskutiert. Außerdem werden besondere Aspekte von OSCE im Hebammenstudium dargelegt und Perspektiven für zukünftige Forschungen aufgezeigt.

5.1 Beleuchtung und Interpretation der Ergebnisse

Die herangezogenen Studien brachten Erkenntnisse zur Kompetenzmessung im Hebammenstudium mittels OSCE. Über die Messung der Kompetenzen konnten Rückschlüsse darauf gezogen werden, das OSCE ein geeignetes Bewertungsinstrument im Hebammenstudium ist. Die Gültigkeit und Zuverlässigkeit wurden in allen Studien bestätigt, was durch die Ergebnisse anderer Forschungen bestätigt wurde. Mittels OSCE können zuverlässig Ergebnisse in der Messung klinischer Kompetenzen erhoben werden, in unterschiedlichen Fachgebieten und Disziplinen, in verschiedenen Gesundheitsberufen und in verschiedenen Phasen der Ausbildung (vgl. Patrício et al., 2013). Dies wurde durch die eingeschlossenen Studien bekräftigt.

Die Leistungen der Studierenden waren mehrheitlich mäßig bis schlecht. Die Forscher zogen aus den Leistungen Rückschlüsse auf die Qualität der Ausbildung. Dies kann als Vorteil der Prüfungen angesehen werden, denn mit validen Daten der Kompetenzmessung lässt sich eine Aussage treffen, inwieweit die Vermittlung von Wissen in der Ausbildung gelungen ist. Somit ist eine Evaluation der Lehrmethoden möglich und ggf. eine Anpassung des Curriculums.

Es scheint, dass die Qualität der Hebammenausbildung im Iran und auch in Äthiopien verbessert werden muss. Hier könnte es von Vorteil sein, regelmäßig

A. Ritter, *OSCE im Hebammenstudium*, BestMasters,
https://doi.org/10.1007/978-3-658-50021-4_5

die Daten der OSCEs zur Bewertung der Ausbildung heranzuziehen, denn die Qualität der Hebammen zeigt sich in den hebammenspezifischen Kompetenzen. Yigzaw et al. stellten einen Zusammenhang zwischen den Leistungen der Absolvent*innen und ihren klinischen Erfahrungen während der Ausbildung fest. Je mehr klinische Erfahrung die Absolventen hatten und je mehr Geburten sie in der Ausbildung betreut hatten, umso besser waren die Prüfungsleistungen. Die Ergebnisse müssen den Anstoß geben, die Standards der Hebammenausbildung in Äthiopien zu verbessern. Denn die Teilnehmer*innen dieser Studie hatten ihre Ausbildung beendet und standen unmittelbar vor dem Eintritt in ihr Berufsleben und somit vor dem eigenverantwortlichen Arbeiten. Alle weiteren eingeschlossenen Studien erhoben die Daten während der Ausbildung, was Einfluss auf die Ergebnisse haben kann.

In vier Studien wurden neben den Fertigkeiten auch die Wahrnehmung und die Erfahrung der Studierenden hinsichtlich der OSCE erhoben. Die Mehrheit der Studierenden waren mit der Prüfungsmethode zufrieden und empfanden OSCE als angenehme Prüfungserfahrung. Dies steht im Gegensatz zu den Ergebnissen der Übersichtsarbeit von Johnston et al., wonach Studierende die OSCE als sehr stressig empfanden (vgl. Johnston et al., 2017). Die OSCE gibt den Studierenden einen Überblick über ihre Fähigkeiten und deckt ihre Stärken und Schwächen auf. Somit kann OSCE das Lernen der Studierenden steuern. Studierende sahen die OSCE als valide Methode zur Prüfung der klinischen Kompetenz. Auch Delavar et al. konnten in ihrer Studie bestätigen, dass Studierende die OSCE glaubwürdiger und zuverlässiger empfanden, jedoch auch stressiger und angstauslösender (vgl. Delavar, 2013).

5.2 Limitationen

Die eingeschlossenen Studien brachten ähnliche Ergebnisse, jedoch unterlagen die Arbeiten einigen Limitationen, die eine Vergleichbarkeit erschweren.

Obwohl die Kompetenzmessung mittels OSCE Gegenstand aller Studien war, untersuchten die Forscher zum Teil noch andere Aspekte, wie beispielsweise die Wahrnehmung und Einschätzung des OSCE durch die Studierenden, was zu Ungenauigkeiten im Hinblick auf die Einordnung der Ergebnisse führen kann.

Die Vergleichbarkeit der Ergebnisse kann auch erschwert sein aufgrund unterschiedlicher Schwierigkeitsgrade der OSCEs hinsichtlich der geprüften Fertigkeiten. Ebenso muss bei der Interpretation der Ergebnisse mitbedacht werden, dass es Abweichungen in der Vorbereitung der Studierenden auf dieses Prüfungsformat gab, so dass unterschiedliche Voraussetzungen für die Studierenden herrschten.

Es wurde keine passgenaue, frei zugängliche Studie aus Deutschland gefunden. Vier der eingeschlossenen Studien wurden im Iran durchgeführt und jeweils eine Untersuchung in Marokko, Äthiopien und Irland. Länderspezifische Unterschiede in den Anforderungen an die Kompetenzen von Hebammen lassen Rückschlüsse der Ergebnisse auf die Kompetenzmessung in Deutschland nur unter Vorbehalt zu. Wenn auch die Methode OSCE zur Kompetenzmessung Gegenstand der Forschungsfrage dieser Thesis war, so ist zu bedenken, dass das Einsetzen und Entfernen einer Spirale zur Verhütung, sowie der Schwangerschaftsabbruch mittels Absaugung in Deutschland nicht zu den hebammenspezifischen Kompetenzen gehören.

Verglichen mit Pflege- oder Medizinstudierenden sind Hebammenstudierende eine kleine Kohorte, so dass die Stichprobengrößen in der Mehrzahl der eingeschlossenen Forschungen gering waren. Dieser Aspekt muss bei der Einordnung der Ergebnisse berücksichtigt werden. Weiter muss berücksichtigt werden, dass einige komplexe Fertigkeiten wie das Praeeklampsiemanagement oder die Behandlung einer postpartalen Blutung nicht näher beschrieben waren. Es ist somit nicht nachvollziehbar, ob hier einzelne Skills, komplexere Handlungsabläufe oder theoretisches Wissen bewertet wurde. Hier wäre eine genaue Beschreibung des Ablaufes hilfreich zur Einordnung der Ergebnisse.

5.3 Betrachtung besonderer Aspekte von OSCE im Hebammenstudium

Ziel einer praktischen Prüfung ist die Einschätzung der klinischen Fertigkeiten von Studierenden. Im besten Falle in einem Setting, dass der realen Situation sehr nah kommt. Mithilfe von immer realitätsnaher konstruierten Modellen und Simulationspuppen sowie Standard- bzw. Schauspielpatientinnen und – patienten können Betreuungs- oder Untersuchungssituationen gut simuliert werden.

Die Durchführung von Prüfungen an Patientinnen und Patienten stellt für alle Beteiligten eine Herausforderung dar. In der traditionellen Hebammenausbildung bestand der praktische Teil des staatlichen Examens aus vier Teilen: die Aufnahme einer Schwangeren, die Betreuung einer Wöchnerin und ihres Neugeborenen und die Leitung einer Geburt inklusive Durchführung des Dammschutzes. Die Prüfungen wurden in der Klinik bei laufendem Betrieb durchgeführt. Die

Organisation der Prüfungen wurde zunehmend erschwert durch verkürzte Liegezeiten der Wöchnerinnen und ihrer Neugeborenen. Schwangere Frauen, die aufgrund von Komplikationen in der Klinik waren, konnten nur bedingt oder gar nicht als Prüfungsobjekt herangezogen werden. Die Durchführung der sogenannten Examensgeburt bedurfte viel Organisation von Seiten der Hebammenschulen und der Praxiseinrichtungen. Ein genauer Prüfungstermin konnte nicht angegeben werden, da es nicht planbar war, wann ein geeignete Gebärende sich für ein Examen zur Verfügung stellte. Die werdenden Hebammen wussten demnach nicht, wann genau die Prüfung stattfindet, was eine teilweise wochenlange Belastung darstellte. Arbeitsrechtliche und Prüfungsrechtliche Vorgaben zwangen die Prüfenden genau abzuwägen, ob eine Frau geeignet war. Die Bedingungen für die praktischen Prüfungen waren aufgrund der sehr individuell verlaufenden Geburten nicht vergleichbar, was die prüfende Schule bzw. Hochschule auch juristisch angreifbar machte.

In der für die Hebammenstudiengänge gültigen Studien- und Prüfungsverordnung werden die Inhalte, die Orte und die Arten des praktischen Teils der staatlichen Prüfung beschrieben. Demnach können die Teile aus dem Kompetenzbericht Schwangerschaft und Wochenbett und Stillzeit sowohl „mit geeigneten Schwangeren, Wöchnerinnen und Neugeborenen erfolgen", als auch simuliert werden (vgl. HebStPrV, 2020). Die Prüfung im Kompetenzbereich Geburt soll an der Hochschule mit Simulationspersonen und Modellen stattfinden. Somit ist es unerlässlich, dass sich alle an der Ausbildung von Hebammen Beteiligten mit diesem Prüfungsformat auseinandersetzen müssen.

Die Modulprüfungen der grundlegenden Hebammentätigkeiten im gesamten Studienverlauf mittels OSCE durchzuführen bringt den Vorteil, dass die Studierenden dieses Prüfungsformat erlernen und die simulierte Situation bzw. das Interagieren mit einer Simulationspatientin verinnerlichen (vgl. Schwarz, 2020: 34). Auch für die Lehrenden und Prüfenden ist es von Vorteil, wiederholt OSCEs durchzuführen. Die Ausarbeitung von Szenarien, die Erstellung von validen Checklisten oder auch eines Drehbuches, die Bereitstellung der Materialien und die Organisation von Simulationspatientinnen sind neue Aufgabenfelder, in die sich Lehrende und Prüfende der Hebammenstudiengänge einfinden müssen.

5.4 Aufzeigen von Perspektiven für zukünftige Forschung

Zunehmend erscheinen Publikationen von Forschungen bezüglich OSCE in Hebammenstudiengängen. Insgesamt ist die Studienlage jedoch überschaubar, da das Prüfungsformat in diesem Bereich relativ neu ist. Es besteht weiterer Forschungsbedarf hinsichtlich OSCE insbesondere für Deutschland, da sich aufgrund der erst in 2020 vollständig umgesetzten Anhebung der Hebammenausbildung auf Hochschulniveau diese Methode zur Kompetenzprüfung langsam etabliert.

Hebammen betreuen und begleiten Frauen in der reproduktiven Phase ihres Lebens ganzheitlich. Das Abprüfen reiner Skills als Kompetenznachweis ist insofern zu überdenken, da die Performanz bzw. das gezeigte Verhalten in der Prüfung von Kompetenz abweichen kann (vgl. Stangl, 2019). Die klassische OSCE umfasst mehrere Stationen, an denen Studierende in den meisten Fällen in fünf bis zehn Minuten klinische Aufgaben erfüllen und die erlernten Fertigkeiten zeigen. Für viele Skills ist diese Zeitvorgabe ausreichend. Betrachtet man jedoch die Ganzheitlichkeit der Betreuung einer Frau durch eine Hebamme, stößt OSCE als kompetenzorientierte Prüfung ggf. an Grenzen. Die Modifizierung bzw. Anpassung der OSCE im Sinne der Reduzierung der Stationen und mehr Zeit an den Stationen könnte ein Weg sein, statt der reinen Performanz auch überfachliche Kompetenzen zu prüfen (vgl. Schönhardt, 2024). Hier bedarf es weiterer Forschung.

Phelan et al. entwickelten eine kontextbezogene klinische Beurteilung von Hebammenstudierenden in einer Klinik Irland (vgl. Phelan et al., 2014). Hier wurde eine OSCE mit einer klinischen Beurteilung kombiniert, um zu den Skills auch die Interaktion der Studierenden mit der zu betreuenden Frau im realen Umfeld beurteilen zu können. Nach Meinung der Forscher bietet diese Form der Prüfung eine genauere Beurteilung der praktischen Fähigkeiten der Studierenden.

Dieser Beurteilungsansatz bedarf weiterer Forschung, stellt er doch eine mögliche Alternative der Bewertung von hebammenspezifischen Kompetenzen dar.

Hoher organisatorischer und finanzieller Aufwand stehen bei entsprechender Durchführung einem objektiven, validen und zuverlässigen Prüfungsformat gegenüber, bei dem es um die Anwendung von Wissen und klinischen Fertigkeiten in einem simulierten Setting geht. Hier besteht weiterer Forschungsbedarf hinsichtlich der Kombination von OSCE mit anderen Prüfungsformaten (vgl. Dilly, 2022: 242).

6 Fazit

Mit der vorliegenden Masterthesis wurde der Versuch unternommen, das Prüfungsformat OSCE in der Hebammenausbildung hinsichtlich der Bewertung hebammenspezifischer Kompetenzen zu beleuchten. Zahlreiche Forschungsarbeiten belegen, dass OSCE ein valides und gültiges Bewertungsinstrument in der medizinischen Ausbildung ist. Im Hebammenwesen wird OSCE mehr und mehr für die Prüfungen der Module, in denen Grundlagen der Hebammentätigkeit vermittelt werden, genutzt. Es scheint, dass OSCE auch in der Hebammenausbildung für die Bewertung klinischer Kompetenzen anwendbar ist. Hebammenspezifische Fertigkeiten wie Leopold-Handgriffe, die Untersuchung der Brust oder des Bauches, die vaginale Untersuchung oder der Dammschutz sind mittels OSCE gut abbildbar.

Die Leistungen, die Studierende in den objektiven, strukturierten, klinischen Prüfungen erreichen, lassen Rückschlüsse auf die Qualität der praktischen Ausbildung zu, so dass eine Evaluation der Studiengänge möglich ist. Die Ergebnisse können Anhalte zur Überarbeitung des Curriculums geben oder bei Erstellung eines solchen hilfreich sein. Auch die Studierenden profitieren von OSCE, da sie ihre Stärken und Schwächen erkennen können und dementsprechend ihren Focus für die nächste Praxisphase legen können.

OSCE bietet großes Potenzial in der Aus- und Weiterbildung in den medizinischen Berufen. Interprofessionelle Settings können die Zusammenarbeit mit anderen Berufsgruppen fördern. So können beispielsweise (werdende) Hebammen mit Gynäkologinnen und Gynäkologen und/oder Anästhesistinnen und Anästhesisten geburtshilfliche Notfälle üben. Auch durch die Darstellung verschiedener Bereiche der Hebammentätigkeit (ambulantes oder klinisches Setting) ist umfassender Kompetenzerwerb mittel OSCE möglich, ohne die Sicherheit der Patientinnen zu gefährden.

A. Ritter, *OSCE im Hebammenstudium*, BestMasters,
https://doi.org/10.1007/978-3-658-50021-4_6

Aufgrund der Akademisierung der Hebammenausbildung wurde der Umfang der Praxisstunden innerhalb des Studiums von 3000 Stunden in der traditionellen dreijährigen Ausbildung auf 2200 Stunden in den Studiengängen reduziert. In der theoretischen Lehre entfallen je nach Curriculum mehr oder weniger Stunden auf die simulationsbasierte Lehre. Lehrende in den Hebammenstudiengängen müssen sich sowohl mit dieser Lehrmethode vertraut machen, als auch das Format OSCE als Prüfungsmethode integrieren.

Trotz des hohen personellen, zeitlichen und finanziellen Aufwands stellt die OSCE eine Bereicherung für die Hebammenstudiengänge dar, lassen sich doch mit ihr hebammenspezifische Fertigkeiten gerecht und zuverlässig überprüfen. Einschränkend bleibt festzustellen, dass die berufliche Handlungsfähigkeit im Sinne komplexer kontextbezogener Kompetenzen mittels OSCE ggf. nur eingeschränkt beurteilbar ist und OSCE-Konzepte modifiziert und angepasst werden sollten. Um dieses Prüfungsformat evident in der Ausbildung von Hebammen in Deutschland anwenden zu können besteht weiterer Forschungsbedarf.

Literaturverzeichnis

Albrecht, T., Neudert, M., Offergeld, C. (2023): Vom Lernziel zur Prüfung: Constructive Alignment in der Aus- und Weiterbildung. In: Laryngo – Rhino -Otol (2023); 102: 55–65. Zugänglich unter: https://www.thieme-connect.com/products/ejournals/pdf/10.1055/a-1917-4998.pdf (abgerufen am 22.11.2024)

Ayerle, G.M., Mattern, E. (2018): Erwartungen von Frauen an eine Hebamme. In: Hebamme 2018; 31(01): 30–36. Zugänglich unter: https://doi.org/10.1055/s-0043-118609 (abgerufen am 11.11.2024)

Becker, J., Greger, V., Heger, O., Jahn, K., Krcmar, H., Müller, H., Niehaves, B., Ogonek, N., Räckers, M., Schuppan, T., Zepic, R. (2016): E- Kompetenz. Studie im Auftrag der Arbeitsgruppe „E-Government-Kompetenz" des IT-Planungsrat. Berlin, München, Siegen. Zugänglich unter: https://www.researchgate.net/publication/315246990_E-Government-Kompetenz_Studie_im_Auftrag_des_IT-Planungsrats?enrichId=rgreq-680c09389817b819bd095815f0a67734-XXX&enrichSource=Y292ZXJQYWdlOzMxNTI0Njk5MDtBUzo0NzI5NjkxNDAwMTkyMDFAMTQ4OTc3NjAzODkwMw%3D%3D&el=1_x_2 (abgerufen am 22.11.2024)

Becker-Carus, C., Wendt, M. (2017): Allgemeine Psychologie. Eine Einführung (2., vollständig überarbeitete und erweiterte Auflage). Berlin: Springer. Zugänglich unter: https://doi.org/10.1007/978-3-662-53006-1

Beyer, A., Dreier, A., Kirschner, S., Hoffmann, W. (2016): Objective Structured Clinical Examination (OSCE) als kompetenzorientiertes Prüfungsinstrument in der pflegerischen Erstausbildung. In: Pflege (2016); 29(4), 193–203. Zugänglich unter: https://doi.org/10.1024/1012-5302/a000496 (abgerufen am 10.111.2024)

BIBB (2020): Definition und Kontextualisierung des Kompetenzbegriffes. Zugänglich unter https://www.bibb.de/de/8570.php (abgerufen am 12.08.2024)

Blickle, G. (2019): Anforderungsanalyse. In: Nerdiger, F., Blickle, G., Schaper, N.: Arbeits- und Organisationspsychologie (4. Auflage). Berlin: Springer. Zugänglich unter: https://doi.org/10.1007/978-3-662-56666-4

BMBF (o.D.): DQR-Niveaus. Zugänglich unter: https://www.dqr.de/dqr/de/der-dqr/dqr-niveaus/deutscher-qualifikationsrahmen-dqr-niveaus.html (abgerufen am 17.06.2024)

BMBF (2017): Studiensituation und studentische Orientierungen. 13. Studierendensurvey an Universitäten und Fachhochschulen. Zugänglich unter: https://doku.iab.de/externe/2018/k180214r03.pdf (abgerufen am 10.10.2024)

A. Ritter, *OSCE im Hebammenstudium*, BestMasters,
https://doi.org/10.1007/978-3-658-50021-4

BMG (2017): Nationales Gesundheitsziel. Gesundheit rund um die Geburt. Berlin, Bundesministerium für Gesundheit. Zugänglich unter: https://www.bundesgesundheitsministerium.de/service/publikationen/details/nationales-gesundheitsziel-gesundheit-rund-um-die-geburt (abgerufen am 04.07.2024)

Bonse-Rohmann, M. (2021). Kompetenzorientierte Prüfungsgestaltung in den Gesundheitsfachberufen. In: Darmann-Finck, I., Sahmel, KH. (Hrsg.) Pädagogik im Gesundheitswesen. Springer Reference Pflege – Therapie – Gesundheit. Berlin, Heidelberg: Springer. Zugänglich unter: https://doi.org/10.1007/978-3-662-61428-0_28-1

Bovermann, Y. (2020): Akademisierung des Hebammenberufs (Teil 1): Chancen-und wie sie in den Studiengängen bestmöglich genutzt werden können. In: Zeitschrift für Geburtshilfe und Neonatologie 2020; 224 (03): 124–129. Zugänglich unter: https://doi.org/10.1055/a-1124-9760 (abgerufen am 12.10.2024)

Bovermann, Y. (2021): Hebammenkompetenzen im internationalen Überblick: Was ist eine „richtige" Hebamme? In: Deutsche Hebammenzeitschrift (2021); 73(4): 20–24

Braun, L., Wiesegart, A., Plappert, C. (2022): Standardisierte simulationsbasierte Prüfung im Hebammenstudium: Simuliert und praxisnah. In: Deutsche Hebammenzeitschrift (2022); 74 (11): 76–80

Büchter, K., Dehnbostel, P., Hanf, G. (Hrsg.) (2012): Der Deutsche Qualifikationsrahmen (DQR). Ein Konzept zur Erhöhung von Durchlässigkeit und Chancengleichheit im Bildungssystem?. Bielefeld: W. Bertelsmann. Zugänglich unter: https://www.bibb.de/dienst/publikationen/de/6899 (abgerufen am 28.08.2024)

Chakraborty, S., Saggurti, N., Adanu, R., Bandoh, D. A. B., Berrueta, M., Gausman, J., Kenu, E., Khan, N., Langer, A., Nigri, C., Odikro, M. A., Pingray, V., Ramesh, S., Vázquez, P., Williams, C. R., Warren, C. E., Rima Jolivet, R. (2023): Validating midwifery professionals' scope of practice and competency: A multi-country study comparing national data to international standards. PloS one, 18(5), e0286310. Zugänglich unter: https://doi.org/10.1371/journal.pone.0286310 (abgerufen am 24.11.2024)

Changuiti, O., Achak, D., Benfatah, M., Marfak, A., Saad, E., Hilali, A., Youlyouz-Marfak, I. (2021): Implementation of Objective Structured Clinical Examination in Midwifery Education. In: The Journal for Nurse Practitioners (2021); 12 (10), 1276–1280. Zugänglich unter: https://doi.org/10.1016/j.nurpra.2021.07.014 (zuletzt abgerufen am 23.11.2024)

Cibralic, S., Pickup, W., Diaz, A.M., Kohlhoff, J., Karlov, L., Stylianakis, A., Schmied, V., Barnett, B., Eapen, V. (2023): The impact of midwifery continuity of care on maternal mental health: A narrative systematic review. In: Midwifery (2023); 116, pp. 103546. Zugänglich unter: https://doi.org/10.1016/j.midw.2022.103546 (abgerufen am 01.08.2024)

Cyril Vincent, S., Arulappan, J., Amirtharaj, A., AMandu Matua, G., Al Hashmi, I. (2022): Objective structured clinical examination vs traditional clinical examination to evaluate students' clinical competence: A systematic review of nursing faculty and students' perceptions and experiences. In: Nurse Education Today (2022); 108, 105170. Zugänglich unter: https://doi.org/10.1016/j.nedt.2021.105170. (abgerufen am 24.11.2024)

Darmann-Finck, I., Reuschenbach, B. (2013): Entwicklungsstand der Kompetenzmessung im Berufsfeld der Pflege. In: Zeitschrift für Evidenz, Fortbildung und Qualität im Gesundheitswesen (2013); 107(1), 23–29. Zugänglich unter: https://doi.org/10.1016/j.zefq.2012.11.020. (abgerufen am 17.10.2024)

Delavar, M. A., Salmalian, H., Faramarzi, M., Pasha, H., Bakhtiari, A., Nikpour, M., Ledari, F. M. (2013): Using the objective structured clinical examinations in undergraduate midwifery students. Journal of medicine and life, 6(1), 76–79. Zugänglich unter: https://pmc.ncbi.nlm.nih.gov/articles/PMC3624653/ (abgerufen am 22.11.2024)

DGGG & DGHWI (2020): S3 Leitlinie Vaginale Geburt am Termin. Langfassung. AWMF-Registernummer 015/083. Zugänglich unter: https://www.awmf.org/uploads/tx_szleitlinien/015-083l_S3_Vaginale-Geburt-am-Termin_2021-03.pdf (abgerufen am 12.09.2024)

DHV (o.D.): Wie werde ich Hebamme? Das Studium. Zugänglich unter: https://hebammenverband.de/hebamme-werden-und-sein/das-studium#:~:text=Das%20Hebammenstudium%20umfasst%20mindestens%202.200,au%C3%9Ferklinischen%20Bereich%20bei%20freiberuflichen%20Hebammen. (abgerufen am 12.08.2024)

DHV (2019): Kompetenzen von Hebammen. Zugänglich unter: https://hebammenverband.de/wp-content/uploads/2021/02/2019-09-13_DHV_Kompetenzen_von_Hebammen_Anhang_1_zur_Stellungnahme_HebStPrV.pdf (abgerufen am 05.06.2024)

Dilly, M. (2018): Objektivierte strukturierte praktische/klinische Prüfung. In: Gerick, J.; Sommer, A.; Zimmermann, G. (Hrsg.): Kompetent Prüfungen gestalten (2. Auflage). Münster, New York: Waxmann

Döbler, J. (2019): Prüfungsregime und Prüfungskulturen. Soziologische Beobachtungen zur internen Organisation von Hochschule. Wiesbaden: Springer VS. Zugänglich unter: https://doi.org/10.1007/978-3-658-25290-8

Döring, N. (2015): Qualitätskriterien für quantitative empirische Studien. In: Maschke, S.; Stecher, L. (hrsg.): Enzyklopädie Erziehungswissenschaft Online. Fachgebiet/Unterüberschrift: Methoden der empirischen erziehungswissenschaftlichen Forschung, Qualitätskriterien in der empirischen Forschung. Weinheim und Basel: Beltz Juventa. Zugänglich unter: http://www.nicola-doering.de/wp-content/uploads/2015/01/D%C3%B6ring-2015-Qualit%C3%A4tskriterien-f%C3%BCr-quantitative-empirische-Studien.pdf (abgerufen am 11.11.2024)

Dütthorn, N. (2015): Pflegespezifische Kompetenzen im europäischen Bildungsraum – eine empirische Studie zur Inhomogenität des Kompetenzbegriffs. In: v. Weyland, U., Kaufhold, M., Nauerth, A., Rosowski, E. (Hrsg.): bwp@ Spezial 10 – Berufsbildungsforschung im Gesundheitsbereich. Zugänglich unter: https://www.bwpat.de/spezial10/duetthorn_gesundheitsbereich-2015.pdf (abgerufen am 11.09.2024)

Dunger, C., Schnell, M.W. (2022): Implementierung des Objective Structured Clinical Examination (OSCE) im Masterstudiengang Pflegewissenschaft – Pilotprojekt zur Prüfung der ethischen Kompetenz in Pflegepraxis und -forschung. In: Ethik in der Medizin (2022); 34(3), 451–465. Zugänglich unter: https://link.springer.com/content/pdf/10.1007/s00481-022-00701-1.pdf (abgerufen am 11.09.2024)

Dunlosky, J., Rawson, K. A., Marsh, E. J., Nathan, M. J., & Willingham, D. T. (2013): Improving Students' Learning With Effective Learning Techniques: Promising Directions From Cognitive and Educational Psychology. In: Psychological science in the public interest (2013); 14(1), 4–58. Zugänglich unter: https://doi.org/10.1177/1529100612453266 (abgerufen am 11.09.2024)

Edelmann, W., Wittmann, S. (2019): Lernpsychologie (8., vollständig überarbeitete Auflage). Weinheim, Basel: Beltz

Erfanian, F., Khadivzadeh, T. (2011): Evaluation of midwifery students' competency in providing intrauterine device services using objective structured clinical examination.

In: Iranian journal of nursing and midwifery research (2011); 16(3), 191–196. Zugänglich unter: https://pmc.ncbi.nlm.nih.gov/articles/PMC3249797/ (zuletzt abgerufen am 23.11.2024)

Erpenbeck, J. (2012): Was sind Kompetenzen? In: Faix, W. G. (Hrsg.): Kompetenz. Festschrift Prof. Dr. John Erpenbeck zum 70. Geburtstag. Band 4. Stuttgart: Steinbeis-Edition. Zugänglich unter: https://www.steinbeis-sibe.de/veroeffentlichung/kompetenz-festschrift-prof-dr-john-erpenbeck-zum-70-geburtstag-band-4/ (abgerufen am 24.06.2024)

Erpenbeck, J., Sauter, W. (2016): Stoppt die Kompetenzkatastrophe! Wege in eine neue Bildungswelt. Berlin, Heidelberg: Springer. https://doi.org/10.1007/978-3-662-48503-3_11

Erpenbeck, J., von Rosenstiel, L., Grote, S., Sauter, W. (Hrsg.) (2017): Handbuch Kompetenzmessung. Erkennen, verstehen und bewerten von Kompetenzen in der betrieblichen, pädagogischen und psychologischen Praxis (3. Auflage). Stuttgart: Schäffer-Poeschel

EU (2008): Der Europäische Qualifikationsrahmen für lebenslanges Lernen. Zugänglich unter: https://europass.europa.eu/system/files/2020-05/EQF-Archives-DE.pdf (abgerufen am 08.09.2024)

Esnaashari, F., Fathi Najafi, T., Razmkhah, N., Ardakani, M. (2019): The Evaluation of Functional Quality in Bachelor Midwifery Students based on Objective Structured Clinical Examination (OSCE) in Islamic Azad University-Mashhad Branch. In: Advances in Nursing and Midwifery (2019); 28 (2), 23–28. Zugänglich unter: https://journals.sbmu.ac.ir/en-jnm/article/view/21579/pdf (zuletzt abgerufen am 23.11.2024)

Fabry, G. (2023): Medizindidaktik. Für eine kompetenzorientierte, praxisrelevante und wissenschaftlich fundierte Ausbildung (2., vollständig überarbeitete und erweiterte Auflage). Bern: Hogrefe

Fröhlich-Steffen, S., den Ouden, H. (2019): Hochschulprüfung im Fokus. Vom autodidaktischen Abschauen zu didaktisch-gereifter Prüfungskompetenz. In: Fröhlich-Steffen, S., den Ouden, H., Gießmann, U. (Hrsg.): Kompetenzorientiert prüfen und bewerten an Universitäten. Opladen, Berlin, Toronto: Barbara Budrich

Gallner, S. (2022): Was Prüfungen leisten sollen: Prüfungen für akademische Kompetenz. In: Zeitschrift für Hochschulentwicklung (2022); 17(1), 17–33. Zugänglich unter: https://doi.org/10.3217/zfhe-17-01/02 (abgerufen am 24.11.2024)

Gießmann, U. (2019): Hochschulprüfungen seit der Bologna-Erklärung. Historische Perspektiven und aktuelle Problemlagen. In: Fröhlich-Steffen, S., den Ouden, H., Gießmann, U. (Hrsg.): Kompetenzorientiert prüfen und bewerten an Universitäten. Opladen, Berlin, Toronto: Barbara Budrich

Gormley, G. (2011): Summative OSCEs in undergraduate medical education. In: The Ulster medical journal (2011); 80(3), 127–132. Zugänglich unter: https://pmc.ncbi.nlm.nih.gov/articles/PMC3605523/pdf/umj0080-0127.pdf (abgerufen am 11.09.2024)

Graf, J., Zipfel, S., Schönhardt, S., Wallwiener, D., Abele, H. (2020): The academization of midwifery: State-wide implementation oft he new law governing the education of midwives (Hebammenreformgesetz) is leading to heterogeneous education. GMS journal for medical education, 37(4), Doc37. Zugänglich unter: https://doi.org/10.3205/zma001330 (abgerufen am 22.11.2024)

HebAPrV (1987): Ausbildungs- und Prüfungsverordnung für Hebammen und Entbindungspfleger neugefasst durch B. v. 16.03.1987 BGBl. I S. 929; aufgehoben durch § 60 V. v.

08.01.2020 BGBl. I S. 39. Geltung ab 01.01.1983; FNA: 2124-1-10. Zugänglich unter: https://www.buzer.de/gesetz/6215/index.htm (abgerufen am 18.06.2024)

HebG – Gesetz über das Studium und den Beruf von Hebammen (Hebammengesetz) (2019). BGBl. I S. 1759, zuletzt geändert durch Artikel 5 des Gesetzes vom 12. Dezember 2023 (BGBl. 2023 I Nr. 359). Zugänglich unter: https://www.gesetze-im-internet.de/hebg_2020/ (abgerufen am 13.06.2024)

HebStPrV – Studien- und Prüfungsverordnung für Hebammen vom 08. Januar 2020 (BGBl. I S. 39), die zuletzt durch Artikel 6 des Gesetzes vom 12. Dezember 2023 (BGBl. 2023 I Nr. 359) geändert worden ist. Zugänglich unter: https://www.gesetze-im-internet.de/hebstprv/BJNR003900020.html (zuletzt abgerufen am 28.11.2024)

Heyse, V. (2015): Schlüsselkompetenzen: Erfolgreiche Brücken zu selbstbestimmten Patienten. In: Heyse, V., Giger, M. (Hrsg.): Erfolgreich in die Zukunft: Schlüsselkompetenzen in Gesundheitsberufen. Heidelberg: medhochzwei

Hirdina, R. (2019): Ausgewählte Rechtsaspekte zum Prüfen an Hochschulen. In: Fröhlich-Steffen, S., den Ouden, H., Gießmann, U. (Hrsg.): Kompetenzorientiert prüfen und bewerten an Universitäten. Opladen, Berlin, Toronto: Barbara Budrich

HRG – Hochschulrahmengesetz in der Fassung der Bekanntmachung vom 19. Januar 1999 (BGBl. I S. 18), zuletzt geändert durch Artikel 1 des Gesetzes vom 15. November 2019 (BGBl. I S. 1622). Neugefasst durch Bek. v. 19.1.1999 I 18; zuletzt geändert durch Art. 1 G v. 15.11.2019 I 1622. Zugänglich unter: https://www.gesetze-im-internet.de/hrg/BJNR001850976.html (abgerufen am 08.09.2024)

HRK (2015): Lernergebnisse praktisch formulieren. In: HRK (Hrsg.): Nexus Impulse für die Praxis. Ausgabe 2. Zugänglich unter: https://www.hrk-nexus.de/fileadmin/redaktion/hrk-nexus/07-Downloads/07-02-Publikationen/Lernergebnisse_praktisch_formulieren_01.pdf

ICM (2019): Essential Competencies for Midwifery Practise. 2019 Update. Published October 2019. Zugänglich unter: https://internationalmidwives.org/resources/essential-competencies-for-midwifery-practice/ (abgerufen am 05.06.2024)

ICM (2019a): Grundlegende Kompetenzen für die Hebammentätigkeit. 2019 Update. Oktober 2019 veröffentlicht. Zugänglich unter: https://hebammenverband.de/wp-content/uploads/2023/10/ICM_competencies_deutsch_final_web_23-12-20.pdf (abgerufen am 29.08.2024)

ICM (2024): International Definition of the Practice of Midwives. Zugänglich unter: https://internationalmidwives.org/resources/international-definition-of-the-midwife/ (abgerufen am 06.08.2024)

Johnston, A.N.B., Weeks, B., Shuker, M., Coyne, E., Niall, H., Mitchell, M., Massey, D. (2017): Nursing Students' Perceptions of the Objective Structured Clinical Examination: An Integrative Review. In: Clinical Simulation in Nursing (2017): 13(3), 127–142. Zugänglich unter: https://doi.org/10.1016/j.ecns.2016.11.002. (abgerufen am 23.11.2024)

Khan, K. Z., Ramachandran, S., Gaunt, K., Pushkar, P. (2013): The Objective Structured Clinical Examination (OSCE): AMEE Guide No. 81. Part I: An historical and theoretical perspective. In: Medical Teacher (2013); 35(9), e1437–e1446. Zugänglich unter: https://doi.org/10.3109/0142159X.2013.818634

Khan, K. Z., Gaunt, K., Ramachandran, S., Pushkar, P. (2013a): The Objective Structured Clinical Examination (OSCE): AMEE Guide No. 81. Part II: Organisation & Administration. In: Medical Teacher2013); 35(9), e1447–e1463. https://doi.org/10.3109/0142159X.2013.818635 (abgerufen am 20.11.2024)

Klieme, E., Avenarius, H., Blum, W., Döbrich, P., Gruber, H., Prenzel, M., Reiss, K., Riquarts, K., Rost, J., Tenorth, H., Vollmer, H. (2003): Zur Entwicklung nationaler Bildungsstandards. Eine Expertise. Bonn, Berlin: Bundesministerium für Bildung und Forschung. Zugänglich unter: https://doi.org/10.25656/01:20901

Klotten, U., Bauer, N.H. (2023): Lernen und Prüfen im Skills Lab: Ist eine OSCE-Prüfung eine adäquate Prüfungsform für werdende Hebammen im Rahmen der akademischen Ausbildung? In: Jahrestagung der Gesellschaft für Medizinische Ausbildung (GMA). Osnabrück, 14.-16.09.2023. Düsseldorf: German Medical Science GMS Publishing House; 2023. DocP-08-02. Zugänglich unter: https://doi.org/10.3205/23gma265 (abgerufen am 29.11.2024)

KMK – Kultusministerkonferenz (2017): Qualifikationsrahmen für deutsche Hochschulabschlüsse. Zugänglich unter: https://www.hrk.de/fileadmin/redaktion/hrk/02-Dokumente/02-03-Studium/02-03-02-Qualifikationsrahmen/2017_Qualifikationsrahmen_HQR.pdf (abgerufen am 10.09.2024)

Kolivand, M., Esfandyari, M., Heydarpour, S. (2020): Examining validity and reliability of objective structured clinical examination for evaluation of clinical skills of midwifery undergraduate students: a descriptive study. In: BMC Medical Education (2020); 20, 96. Zugänglich unter: https://doi.org/10.1186/s12909-020-02017-4 (zuletzt abgerufen am 23.11.2024)

Kollewe, T., Sennekamp, M., Ochsendorf, F. (2018): Prüfungen. In: Kollewe, T., Sennekamp, M., Ochsendorf, F.: Medizindidaktik. Erfolgreich lehren und Wissen vermitteln. Berlin, Heidelberg: Springer. Zugänglich unter: https://doi.org/10.1007/978-3-662-56305-2

Kooperationsverbund Gesundheitsziele.de (2017): Nationales Gesundheitsziel rund um die Geburt. Zugänglich unter: https://www.bundesgesundheitsministerium.de/service/publikationen/details/nationales-gesundheitsziel-gesundheit-rund-um-die-geburt (abgerufen am 06.08.2024)

Lewe, M.-T. (2024): Zwischen Täuschungsversuchen und kompetenzorientierten Prüfungen: Studieren und Lehren im Spannungsfeld von Didaktik, Bologna und Prüfungsrecht. In: Perspektiven auf Lehre. Journal for Higher Education and Academic Development (2024); 4(2), S. 19–28. Zugänglich unter: https://journals.qucosa.de/jfhead/article/view/51/56 (abgerufen am 29.10.2024)

Macke, G., Hanke, U., Viehmann-Schweitzer, P., Raether, W. (2016): Kompetenzorientierte Hochschuldidaktik. Lehren – vortragen – prüfen – beraten (3. Auflage). Weinheim und Basel: Beltz

Malakooti, N., Bahadoran, P., Ehsanpoor, S. (2018): Assessment of the Midwifery Students' Clinical Competency Before Internship Program in the Field Based on the Objective Structured Clinical Examination. In: Iranian journal of nursing and midwifery research (2018); 23(1), 31–35. Zugänglich unter: https://doi.org/10.4103/ijnmr.IJNMR_181_16 (zuletzt abgerufen am 23.11.2024)

Manser, T., Schmutz, J., Perry, J. (2018): Verhalten ist messbar: Behavioural – Marker – Systeme und Kompetenzentwicklung. In: St. Pierre, M., Breuer, G. (Hrsg.): Simulation in der

Medizin (2. Auflage). Berlin: Springer. Zugänglich unter: https://doi.org/10.1007/978-3-662-54566-9

Moosbrugger, H., Kelava, A. (2012): Qualitätsanforderungen an einen psychologischen Test (Testgütekriterien). In: Testtheorie und Fragebogenkonstruktion. Berlin, Heidelberg: Springer. Zugänglich unter: https://doi.org/10.1007/978-3-642-20072-4_2

Nerdiger, F., Blickle, G., Schaper, N. (2019): Arbeits- und Organisationspsychologie (4. Auflage). Berlin: Springer. Zugänglich unter: https://doi.org/10.1007/978-3-662-56666-4

Neuwirt, H., Eder, I. E., Gauckler, P., Horvath, L., Koeck, S., Noflatscher, M., Schaefer, B., Simeon, A., Petzer, V., Prodinger, W. M., & Berendonk, C. (2024): Impact of familiarity with the format of the exam on performance in the OSCE of undergraduate medical students – an interventional study. In: BMC medical education (2024); 24(1), 179. Zugänglich unter: https://doi.org/10.1186/s12909-024-05091-0 (abgerufen am 20.10.2024)

Nikendei, C., Jünger, J. (2006): OSCE – praktische Tipps zur Implementierung einer klinisch-praktischen Prüfung. In: GMS Zeitschrift für Medizinische Ausbildung (2006); 23(3): Doc47. Zugänglich unter: https://www.egms.de/static/en/journals/zma/2006-23/zma000266.shtml (abgerufen am 24.06.2024)

Ouldali, N., Le Roux, E., Faye, A., Leblanc, C., Angoulvant, F., Korb. D., Delcour, C., Caula, C., Wohrer, D., Rybak, A., Delafoy, M., Carrié, C., Strullu, M., Oualha, M., Levy, R., Mimoun C., Griffon, L., Nuzzo, A., Eyraud, C., Levy, M., Ellul, P. (2023): Early formative objective structured clinical examinations for students in the pre-clinical years of medical education: A non-randomized controlled prospective pilot study. In: PLOS ONE 18(12): e0294022. Zugänglich unter: https://doi.org/10.1371/journal.pone.0294022 (abgerufen am 01.11.2024)

Pätzold, G. (2006): Berufliche Handlungskompetenz. In: Kaiser, F.-J., Pätzold, G. (Hrsg.): Wörterbuch Berufs- und Wirtschaftspädagogik. Bad Heilbrunn: Gemeinschaftsverlag Julius Klinkhardt

Pastoors, S. (2018): Einleitung. In: Becker, J.H., Ebert, H., Pastoors, S.: Praxishandbuch berufliche Schlüsselkompetenzen. Berlin: Springer. Zugänglich unter: https://doi.org/10.1007/978-3-662-54925-4

Patrício, M. F., Julião, M., Fareleira, F., Carneiro, A. V. (2013): Is the OSCE a feasible tool to assess competencies in undergraduate medical education? Medical Teacher, 35(6), 503–514. Zugänglich unter: https://doi.org/10.3109/0142159X.2013.774330 (abgerufen am 20.11.2024)

Pfäffli, B. (2015): Lehren an Hochschulen. Eine Hochschuldidaktik für den Aufbau von Wissen und Kompetenzen (2., überarbeitete und erweiterte Auflage). Bern: Haupt

Phelan, A., O Connell, R., Murphy, M., McLoughlin, G., Long, O. (2014): A contextual clinical assessment for student midwives in Ireland. In: Nurse education today (2014); 34(3), 292–294. Zugänglich unter: https://doi.org/10.1016/j.nedt.2013.10.016 (abgerufen am 30.11.2024)

Plappert, C., Graf, J., Simoes, E., Schönhardt, S., & Abele, H. (2019). The Academization of Midwifery in the Context of the Amendment of the German Midwifery Law: Current Developments and Challenges. Geburtshilfe und Frauenheilkunde, 79(8), 854–862. Zugänglich unter: https://doi.org/10.1055/a-0958-9519 (abgerufen am 14.08.2024).

Ramsayer, B., Maxwell, C., Fleming, V. (2022): Vier Besuche in sechs Wochen. WHO-Leitlinie zur Wochenbettbetreuung. In: Deutsche Hebammenzeitschrift (2022); 74 (9):

84–91. Zugänglich unter: https://www.dhz-online.de/news/detail/artikel/vier-besuche-in-sechs-wochen/ (abgerufen am 10.10.204)

Ramsell, A., Jahn-Zöhrens, U. (2020): Die Zukunft beginnt jetzt. In: Deutsche Hebammenzeitschrift (2020); 72 (7): 8–14

Reinmann, G. (2016): Kompetenzorientierung und Prüfungspraxis an Universitäten: Ziele heute und früher, Problemanalyse und ein unzeitgemäßer Vorschlag. In: Lin-Klitzing, S., Di Fuccia, D., Gaube, T. (Hrsg.): Leistungsstandards und Leistungsbewertung an Gymnasien und Universitäten. Beiträge zur (nicht) vorhandenen Passung. Bad Heilbrunn: Klinkhardt. Zugänglich unter: https://gabi-reinmann.de/wp-content/uploads/2014/10/Artikel_Berlin_Okt_14.pdf

Renfrew, M.J., McFadden, A., Bastos, M.H., Campbell, J., Channon, A. AR., Cheung, N.F., Delage Silva, D., Downe, S., Kennedy, H., Malata, A., McCormick, F., Wick, L., Declerq, E. (2014): Midwifery and quality care: findings from a new evidenceinformed framework for maternal and newborn care. In: The Lancet (2014); 384: 1129–45. https://doi.org/10.1016/S0140-6736(14)60789-3 (abgerufen am 26.08.2024)

Richtlinie 2005/36/EG des Europäischen Parlaments und des Rates vom 7. September 2005 über die Anerkennung von Berufsqualifikationen. Zugänglich unter: https://eur-lex.europa.eu/legal-content/DE/TXT/?uri=celex%3A32005L0036 (abgerufen am 18.06.2024)

Richtlinie 2013/55/EU des Europäischen Parlaments und des Rates vom 20. November 2013 zur Änderung der Richtlinie 2005/36/EG über die Anerkennung von Berufsqualifikationen und der Verordnung (EU) Nr. 1024/2012 über die Verwaltungszusammenarbeit mit Hilfe des Binnenmarkt-Informationssystems. Zugänglich unter: https://eur-lex.europa.eu/legal-content/DE/TXT/?uri=celex%3A32013L0055 (abgerufen am 18.06.2024)

Roth, H. (1971): Pädagogische Anthropologie. Band II. Entwicklung und Erziehung. Grundlagen einer Entwicklungspädagogik. Hannover: Herrmann Schroedel

Sahmel, K.-H. (2018): Allgemeine Aspekte didaktischen Handelns in der Hochschule. In: Sahmel, K.-H. (Hrsg.): Hochschuldidaktik der Pflege und Gesundheitsfachberufe. Berlin: Springer. Zugänglich unter: https://doi.org/10.1007/978-3-662-54875-2

Sandall, J., Fernandez Turienzo, C., Devane, D., Soltani, H., Gillespie, P., Gates, S., Jones, LV., Shennan, AH., Rayment-Jones, H. (2024): Midwife-led continuity models versus other models of care for childbearing women. Cochrane Database of Systematic Reviews 2024, Ausgabe 4. Art.-Nr.: CD004667. Zugänglich unter: https://doi.org/10.1002/14651858.CD004667.pub6 (abgerufen am 01.08.2024)

Sayn-Wittgenstein, F. zu (Hrsg.) (2007): Geburtshilfe neu denken. Bericht zur Situation des Hebammenwesens in Deutschland. Bern: Hans Huber

Sayn-Wittgenstein, F. zu (2018): Entwicklung der Akademisierung des Hebammenwesens. In: Sahmel, K.-H. (Hrsg.): Hochschuldidaktik der Pflege und Gesundheitsfachberufe. Berlin: Springer. Zugänglich unter: https://doi.org/10.1007/978-3-662-54875-2

Schaper, N. (2012): Fachgutachten zur Kompetenzorientierung in Studium und Lehre. Bonn: HRK nexus. Zugänglich unter: https://www.hrk-nexus.de/fileadmin/redaktion/hrk-nexus/07-Downloads/07-02-Publikationen/fachgutachten_kompetenzorientierung.pdf (abgerufen am 20.08.2024)

Schaper, N., Hilkenmeier, F. (2013): Umsetzungshilfen für kompetenzorientiertes Prüfen. HRK – Zusatzgutachten. Bonn: HRK nexus. Zugänglich unter: https://www.hrk-nexus.de/fileadmin/redaktion/hrk-nexus/07-Downloads/07-02-Publikationen/Zusatzgutachten-Kompetenzorientiertes-Pruefen.pdf (abgerufen am 20.08.2024)

Schaper, N. (2021): Prüfen in der Hochschullehre. In: Kordts-Freudinger, R., Schaper, N., Scholkmann, A., Szczyrba, B. (Hrsg.): Handbuch Hochschuldidaktik. Bielefeld: wbv Media

Schaumburg, A., Schröder, T., Sander, M. (2017): Notfallmedizinische Ausbildung durch Simulation. Anaesthesist 66: 189–194. Zugänglich unter: https://doi.org/10.1007/s00101-017-0264-x (abgerufen am 10.10.2024)

Schindler, C., Bauer, J., Strasser, A., Schlomske-Bodenstein, N., Seidel, T., Prenzel, M. (2015): Prüfungen als Indikatoren für Studienerfolg. In: Berthod, C., Jorzik, B., Meyer-Guckel, V. (Hrsg.): Handbuch Studienerfolg. Essen: Stifterverband für die Deutsche Wissenschaft. Zugänglich unter: https://www.stifterverband.org/download/file/fid/44 (abgerufen am 12.09.2024)

Schlegel, C., Shaha, M. (2007): Spezielle Herausforderungen bei Planung und Durchführung von OSCE (Objective Structured Clinical Examination) in der Pflegeausbildung. Pflegepädagogik. Zugänglich unter: https://www.researchgate.net/publication/263561874_Spezielle_Herausforderungen_bei_Planung_und_Durchfuhrung_von_OSCE_Objective_Structured_Clinical_Examination_in_der_Pflegeausbildung (abgerufen am 20.10.2024)

Schlegel, C., Sroka, C. (2023): Objective Structured Clinical Examination (OSCE). In: Schlegel, C. (Hrsg.): OSCE – Kompetenzorientiert prüfen in der Pflegeausbildung (2. Auflage). Berlin: Springer

Schleiff, A. (2018): Kompetenz als Medium des Lebenslaufs. In: Hof, C., Rosenberg, H. (Hrsg.): Lernen im Lebenslauf. Theoretische Perspektiven und empirische Zugänge. Wiesbaden: Springer VS. Zugänglich unter: https://doi.org/10.1007/978-3-658-19953-1

Schmal, J. (2023): Unterrichten und Präsentieren in Gesundheitsfachberufen. Berlin: Springer. Zugänglich unter: https://doi.org/10.1007/978-3-662-66345-5

Schönhardt, S., Plappert, C., Weinmann, S., Graf, J., Abele, H. (2019): OSCE-Prüfungen zur Kompetenzüberprüfung von praktischen und kommunikativen Skills bei Hebammenstudierenden: Curriculare Einebttung und erste Erfahrungen in Tübingen. In: Gemeinsame Jahrestagung der Gesellschaft für Medizinische Ausbildung (GMA) und des Arbeitskreises zur Weiterentwicklung der Lehre in der Zahnmedizin (AKWLZ) und der Chirurgischen Arbeitsgemeinschaft Lehre (CAL). Frankfurt am Main, 25.-28.09.2019. Düsseldorf: Geman Medical Science GMS Publishing House; 2019. DocP-05-14. Zugänglich unter: https://doi.org/10.3205/19gma298 (abgerufen am 30.11.2024)

Schönhardt, S. (2024) OSCE als kompetenzorientierte Leistungsüberprüfung im Hebammenstudium – ein pädagogisches Rahmenkonzept für systemisch orientierte Performanzprüfungen. In: Gemeinsame Jahrestagung der Gesellschaft für Medizinische Ausbildung (GMA) und des Arbeitskreises zur Weiterentwicklung der Lehre in der Zahnmedizin (AKWLZ). Freiburg, Schweiz, 05.-09.08.2024.Düsseldorf: German Medical Science GMS Publishing House; 2024. DocV-33-03. Zugänglich unter: https://doi.org/10.3205/24gma140 (abgerufen am 30.11.2024)

Schröder, M. (2015): Kompetenzorientiert prüfen. Zum Lernergebnis passende Prüfungsaufgaben. In: HRK (Hrsg.): Nexus Impulse für die Praxis. Ausgabe 4. Zugänglich unter: https://www.hrk-nexus.de/fileadmin/redaktion/hrk-nexus/07-Downloads/07-02-Publikationen/Kompetenzorientiert-Pruefen.pdf (abgerufen am 29.09.2024)

Schwarz, C. (2020): Fake News im Kreißsaal? OSCE – Prüfungen für Hebammen. In: Hebammenforum (2020); 4(21): 26–38

Scott, I.M. (2020): Beyond ´driving´: The relationsship between assessment, performance and learning. In: Medical education (2020); 54(1), 54–59. Zugänglich unter: https://doi.org/10.1111/medu.13935 (abgerufen am 27.11.204)

SGB 5 (1988): Das Fünfte Buch Sozialgesetzbuch – Gesetzliche Krankenversicherung – (Artikel 1 des Gesetzes vom 20. Dezember 1988, BGBl. I S. 2477, 2482), das zuletzt durch Artikel 6 des Gesetzes vom 23. Oktober 2024 (BGBl. 2024 I Nr. 324) geändert worden ist. Zugänglich unter: https://www.gesetze-im-internet.de/sgb_5/ (abgerufen am 10.10.2024)

Smith, V., Muldoon, K., Biesty, L. (2012): The Objective Structured Clinical Examination (OSCE) as a strategy for assessing clinical competence in midwifery education in Ireland: A critical review. In: Nurse Education in Practice (2012); 12(5), 242–247. Zugänglich unter: https://doi.org/10.1016/j.nepr.2012.04.012. (zuletzt abgerufen am 23.11.2024)

Sopka, S., Simon, M., Beckers, S. (2018): „Assessment drives learning“: Konzepte zur Erfolgs- und Qualitätskontrolle. In: St.Pierre, M., Breuer, G. (Hrsg.): Simulation in der Medizin. Grundlegende Konzepte – Klinische Anwendung (2. Auflage). Berlin: Springer. Zugänglich unter: https://doi.org/10.1007/978-3-662-54566-9

Stangl, W. (2024): Performanz. Lexikon für Psychologie und Pädagogik. Zugänglich unter: https://lexikon.stangl.eu/?s=Performanz (abgerufen am 30.11.2024)

Ufert, D. (2015): Fächerübergreifende Kompetenzen im Studium. In: Ufert, D. (Hrsg.): Schlüsselkompetenzen im Hochschulstudium. Eine Orientierung für Lehrende. Opladen & Toronto: Verlag Barbara Budrich

Ullrich, I. (2020): Gute Lehre in der Hochschule (2. Auflage). Wiesbaden: Springer. Zugänglich unter: https://doi.org/10.1007/978-3-658-31070-7

Walzik, S. (2012): Kompetenzorientiert prüfen. Leistungsbewertung an der Hochschule in Theorie und Praxis. Opladen, Toronto: Verlag Barbara Budrich

Weidauer, L. (2015): Kompetenzorientiert prüfen in der Pflegeausbildung. Wiesbaden: Springer Spektrum

Weinert, F.E. (2002): Leistungsmessung in Schulen (2. Auflage). Weinheim und Basel: Beltz

WHO (2024): Midwifery education and care. Zugänglich unter: https://www.who.int/teams/maternal-newborn-child-adolescent-health-and-ageing/maternal-health/midwifery#:~:text=Beyond%20preventing%20maternal%20and%20newborn,childhood%20development%20and%20postpartum%20depression (abgerufen am 20.11.2024)

Wilbers, K. (2019): Wirtschaftsunterricht gestalten. Berlin: epubli GmbH 2019, XVI, 654 S. – URN: urn:nbn:de:0111-pedocs-179496 – https://doi.org/10.25656/01:17949

Wissenschaftsrat (2012): Empfehlungen zu hochschulischen Qualifikationen für das Gesundheitswesen. Berlin, Köln. Zugänglich unter: http://www.wissenschaftsrat.de/download/archiv/2411-12.pdf (abgerufen am 18.06.2024)

Yigzaw, T., Ayalew, F., Kim, Y. M., Gelagay, M., Dejene, D., Gibson, H., Teshome, A., Broerse, J., & Stekelenburg, J. (2015): How well does pre-service education prepare midwives for practice: competence assessment of midwifery students at the point of graduation in Ethiopia. In: BMC medical education (2015); 15, 130. Zugänglich unter: https://doi.org/10.1186/s12909-015-0410-6 (zuletzt abgerufen am 23.11.2024)

Ziegler, A., Antes, G., König, I.R. (2011): Bevorzugte Report Items für systematische Übersichten und Meta-Analysen: Das PRISMA-Statement. IN: Deutsche Medizinische Wochenschrift (2011); 136(15): e9–e15. Zugänglich unter: https://doi.org/10.1055/s-0031-1272978 (abgerufen am 27.11.2024)

Kolibri 360 GmbH
Ferdinand-Jühlke-Straße 7
99095 Erfurt, Deutschland
produktsicherheit@kolibri360.de